【写真1】 **Andrea Guarneri, 1677 Cremona**

【写真2】 **Pietro Guarneri, 1702 Mantova**

【写真3】 **Carlo Giuseppe Testore, 1725 Milano**

【写真４】　**Gioffred Benedetto Rinaldi, 1865 Torino**

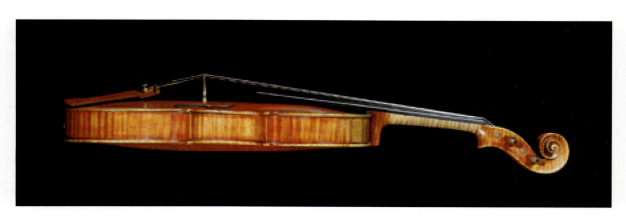

【写真5】 **Giovanni Battista Ceruti, 1806 Cremona**

【写真6】 **Annibale Fagnola, 1908 Torino**
（G. B. Guadagniniのレプリカ）

【写真7】 Antonio Guadagnini, 1871 Torino

【写真8】 **Gaetano Gadda, 1944 Mantova**

【写真9】 **Ansaldo Poggi, 1965 Bologna**

改訂
ヴァイオリンの見方・選び方

応用編

間違った買い方をしないために──

神田侑晃・著

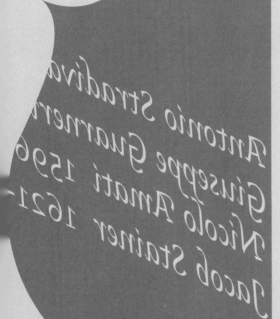

目から鱗が落ちた

「世阿弥」の『風姿花伝』に「秘すれば花なり、秘せずは花なるべからず」とあるように、人は、何十年もかけて勉強し習得したノウハウを、愛弟子以外には決して教えたくないものである。それは、長い道のり経てこそ自分の中に蓄積されていく経験と知識だからである。しかも、それが多岐にわたっているものであればあるほど膨大な情報量となる。

さて、この書籍は今日まで秘密のヴェールに包まれていた極めて重要なヴァイオリンの系譜が全て記されている。

勿論、私達演奏家は楽器のコレクターでは無いため、楽器の音の良さと相性を追求し、そして選んでいく。むしろ、それが正しい楽器の選択の仕方であると信じている。

しかしながら、この本によって、感覚のみでしか理解する事の出来なかった「何か」が確実な情報として自分の中に深く刻み込まれる……目から鱗が落ちた。

本来、工房にとっては門外不出の財産であるヴァイオリンの系譜を、惜しみなく世に送り出した神田社長に感謝するとともに、この素晴らしい本が多くのヴァイオリン愛好家、そして、演奏家のもとに届き、正しい知識と己の直感が融合する奇跡の瞬間に巡り会ってほしい！

NHK交響楽団 第1コンサートマスター　**篠崎 史紀**

CONTENTS

巻頭カラー
目から鱗が落ちた　篠崎 史紀　・・・・・・・・・・・・・・・・11

はじめに　・・・・・・・・・・・・・・・・・・・・・・15

【Ⅰ】オークション（Auction、競り市、競売）・・・・19
（1）オークションの手順　・・・・・・・・・・・・・21
（2）オークションの実際　・・・・・・・・・・・・・22
（3）カタログの読み方　・・・・・・・・・・・・・・25
　　　……アイデンティフィケイションについて……
（4）スリーパー（Sleeper, 掘り出し物）・・・・・・30

【Ⅱ】鑑定書（証明書）について　・・・・・・・・・33
（1）鑑定書の意義　・・・・・・・・・・・・・・・・34
（2）鑑定書の歴史　・・・・・・・・・・・・・・・・36
（3）鑑定書の効用　・・・・・・・・・・・・・・・・38
（4）鑑定書の読み方、確認の仕方　・・・・・・・・・42
（5）Exercise ・・・・・・・・・・・・・・・・・50
　　　……インチキ鑑定書の検索……
（6）鑑定書の総括　・・・・・・・・・・・・・・・・59
　　　……一流鑑定書の紹介……

【Ⅲ】値段について　・・・・・・・・・・・・・・・67
（1）相場　・・・・・・・・・・・・・・・・・・・・68
（2）ヴァイオリンには「格」がある　・・・・・・・・70
（3）値段はこうして決まる　・・・・・・・・・・・・73
（4）銘器に値下がりはない　・・・・・・・・・・・・74
（5）工場製、工房製、マスター・メードの意味合いと値段　76
（6）保存状態　……「割れ傷」について　・・・・・・79
（7）コンポジット・ヴァイオリン　・・・・・・・・・83
（8）音と値段　・・・・・・・・・・・・・・・・・・89
（9）プラクティス　……「銘器の響き」裁けるか？……　・・・・93

【Ⅳ】真偽、鑑定の話・・・・・・・・・・・・・・・99
（1）鑑定の手順と方法・・・・・・・・・・・・・102
（2）フェイカーとコピーイスト・・・・・・・・・111
　　　……製作者の話……
（3）ヴァイオリンの国籍・・・・・・・・・・・118
（4）ヴァイオリンに関する書物を紹介します・・・・・・・・123

【Ⅴ】ラベルの話・・・・・・・・・・・・・・・131
（1）ラベルの読み方・・・・・・・・・・・・・133
（2）ラベルよもやま話・・・・・・・・・・・147
（3）ラベルの見分け方・・・・・・・・・・・150

【Ⅵ】音……選定に際して・・・・・・・・155
（1）「音量」と「音質」・・・・・・・・・・156
（2）自分の「立場」を考慮する・・・・・・・157
　　　……ソロ用の音ばかりが「良い音」ではない……
（3）イタリアの音？・・・・・・・・・・・161
（4）オールドの音？　新作の音？・・・・・・164
（5）真贋を大切にすべきもう一つの理由・・・・・・167

【Ⅶ】弦・・・・・・・・・・・・・・・・171
（1）弦の基礎知識・・・・・・・・・・・・172
（2）市販弦の種類と素材・・・・・・・・・175
（3）弦の選び方・・・・・・・・・・・・182

【Ⅷ】ヴァイオリンの買い方……実践・・・・・187
（1）心構えとして・・・・・・・・・・・・188
　　　①予算の上限を決めておく
　　　②「音」を選ぶなら、作者、国籍、年代などに固執しないこと
　　　③見た目の良さにごまかされないように
　　　④自分の弾く場、立場を考えましょう
　　　⑤300万円以上のヴァイオリンを購入する場合は……
　　　⑥ラベル、鑑定書にこだわらない
　　　⑦「全き音」のヴァイオリンはないものと思って……
　　　⑧ヴァイオリンは単なる道具に過ぎない、とも言える
　　　⑨体調の影響を考慮しましょう

（2）ヴァイオリンの売り手の話・・・・・・・・・・・・・・・・191
　　　　……ディーラーとブローカー……
（3）現場にて・・・・・・・・・・・・・・・・・・・・・197
　　　①値段の目安
　　　②30人のモダン・イタリアン・メーカー
　　　③サイズのチェック
　　　④傷のチェック
　　　⑤試奏の注意点
（4）購入に際してチェックすべき大切なこと・・・・・・・・・203
　　　①鑑定書（Certificate）のチェック
　　　②保証（Guarantee）について
　　　③納品書（Bill of sale）、領収書（Receipt）のこと

索引　　　　　　　　　　　　　　　　　　　　207

表紙装丁　青木るり

はじめに

「選び方」のキーワードは［ヴァイオリン＝「音」＋「換金性」］です。ちょっと難しい哲学用語ですが、「音」は形而上であり、「換金性」は形而下である、とでも言っておきましょうか。

選定に当たっては、様々な手順を踏み、最終的に購入を決定するわけですが、我々ディーラーと皆さんとの「選定」に対する考え方には**根本的な違い**があります。

一般的に皆さんは試奏に終始し、「音」を最重要視して選別、購入する方法を取られているはずです。ヴァイオリン本体のチェックは傷の有無ぐらいのものでしょう。結局、皆さんは音以外のすべての判断を売り手に委ねていることになります。

音が大切なのはよく分かりますが、我々にとって音は、選定手順の最後のポイントとなります。皆さんの財産保全を音と同等、あるいはそれ以上に重要な要素として捉えているから、というのがその理由です。ヴァイオリンそのものの価値に重きを置き、売ったヴァイオリンに責任を持つ「売り手」こそが、信頼の置けるディーラーと言い得るのです。そのようなディーラーはマスター・ヴァイオリンはもとより、30万円以下のファクトリー・ヴァイオリンであろうと、子供用ヴァイオリンであろうと、その価値を決してないがしろにするものではありません。世界的に有名なディーラーは、「価値を担保する」という部分を最も大切にしているがゆえに「一流ディーラー」たりえているわけです。なぜなら、皆さんは音は判っても、本当の価値と正しい値段を知る由もなく、ひたすら**売り手を信用するしかない立場に置かれている**からです。

50万円のヴァイオリンは低額の部類に入るとはいえ、我々一般庶民からすればかなり高価な買い物です。まして500万、1000万、2000万円などという高額ヴァイオリンを購入なさる方々は、家計に多大な負担が掛かっているはずで、退職金すべてを投げ打ったお父さんの姿には尊敬の念と共に、内心複雑な思いを禁じ得ません。

大変な苦労をして作ったお金で入手したヴァイオリンが、支払った金額に全然見合わないものだったとしたら、痛恨の涙を流すだけで済まされる問題ではなくなります。実際、訴訟にまで発展したトラブルには、常に「真贋」の問題が関わっており、加うるに「価値に全く見合わない金額を支払ってしまったこと」が原因となっています。偽物であっても、値段がヴァイオリンの価値に見合っていれば訴訟沙汰にまではならないはずです。但し、**Ⅲ章「値段について」**で説明する理由から、「音」の良し悪しは、**訴因には絶対なりません**。

ヴァイオリンは財産として保有できますし、投資の対象にもなり得ます。購入から5、6年以上の経過年数があれば、少なくとも支払われた金額は完全に保全されるのがマスター・ヴァイオリンの世界です。マスター・ヴァイオリンに値上がりはあっても、値下がりはないからです。誰もが納得できる適切な相場で、滞りなく流通して行くのが業界の正し

い姿なのです。

　たとえ**アイデンティフィケイション**（Identification　作者の特定）に成功しても、個々の出来具合、保存状態、履歴、音などにより、同じメーカーの作品でも値段の評価は全然違ってきます。売り手が一つでも、判断を誤って購入すれば、結果として皆さんは間違ったヴァイオリンを買わされることになりますし、判断を誤った売り手も、遅かれ早かれ手痛い損害を被るはめに陥ります。したがって、「選定」に際し、我々ディーラーが最も神経を使う作業は「値段に見合ったヴァイオリンかどうか」を判別することにある、ということになります。

　ヴァイオリンを弾く立場からすれば、音が命であり、良い音のヴァイオリンを提供することは、我々ディーラーにとってもそれは大切な使命です。しかし、より良い音を常に追求し、研究を続け、「音の求道者」を自認する我々であっても、音の判断は買い手側に任せる方が賢明であることを知っています。我々ディーラーの「音」に対する基本姿勢は、完璧なレストレーション、最高のフィッティングをし、各ヴァイオリンの保有する能力を最大限に引き出しておればそれで良し、あとはお買いになるお客様の判断にお任せしようということだということを知っておいてください。なぜなら、**多くの場合、ヴァイオリンは音の「良し悪し」と言うよりは「好き嫌い」で選別されている**からです。「こんなに良い音なのになぜ買わない」と歯ぎしりばかりしていては命がいくつあっても足りません。

　より高額なヴァイオリンの中に音の良いものが多いのは事実ですが、「良い音だから高くても仕方ない」という観念は絶対に捨て去るべきです。個々の人間の感性で決定される音の良し悪しは、値段の基準にはなり得ないからです。いくら良い音でも50万円のヴァイオリンは50万円なのです。矛盾しているように見える「音」と「値段」との関係は**Ⅲ章（8）「音と値段」**で説明します。

　結論的に申せば、皆さんは「音で選定する立場」にあり、我々ディーラーは「ご予算に見合ったヴァイオリンを用意する立場」にあります。更に我々は売ったヴァイオリン、支払われた金額に責任を持たなくてはならないのです。美しい売買のスタイルは、両者が互いの立場を正しく守ることにあるはずです。残念なのは、正しい姿勢を必死で守り続けようとする業界全体の流れを尻目に、そのような鑑識眼も責任感も持ち合わせない「全くデタラメな売り手」もまた介在しているという事実です。

　売り手がいなければヴァイオリンは入手できません。仮に、運悪くそのような「デタラメな売り手」に遭遇していたとしても、それを判別する手立ては果たしてあるのでしょうか。我々ディーラーはヴァイオリンそのものを見ることで、どのような売り手なのかは、

たちどころに判断できますが、一般のユーザーにとっては至難の業と言えます。

このような事象は、何も日本だけの問題ではありません。しかし、外国人のディーラー、ブローカーまでもが直接参入している現状をつらつら慮ると、日本のマーケットは永久に支離滅裂のまま放浪し続けるのかと、暗澹たる思いに駆られてしまう昨今です。そのような実情を打破するためには、結局皆さん自身で立ちはだかる禁苑の垣根を乗り越え、勉強をされ、いい加減なことどもを看破できる力を身に付けることこそ、自分の財産を守る早道だと、私はこの問題を結論づけました。「選び方」の趣旨は正にそこにあり、「買い手」としての立場にもある我々ディーラーの体得した正統な選定方法を皆さんに披露することは、皆さんが間違った選択をしないための知恵袋になるはずだと、私は確信しています。

気に入った音のヴァイオリンが値段に見合っているのかを見極めるには、真贋、作り、相場、フィッティング、文献、ラベル、鑑定書、保存状態、ニスの状態など、あらゆる角度からものが見える「眼」、更に「推理力」をも養う必要があります。

ヴァイオリンそのものからすべてを読み取る能力が、おいそれと身に付くわけではありませんから、この道のプロフェッショナルになることを皆さんに求めるつもりは毛頭ありません。しかし、ほんの一部でもそのような「眼」、「推理力」を備えてくださることが、皆さんを「正しい選定」に導く礎になるはずであると私は思っています。

ヴァイオリンという楽器の世界は神秘的なものではありませんし、決してややこしいものでもありません。拙文を通じ、少なくとも「簡潔でアカデミックなやり取り」を、我々正統なディーラーと交歓できるような世界に、皆さんをお誘いできるであろうことを約束して、「選び方」の各論に入りたいと思います。

Chapter I

オークション
（Auction　競り市　競売）

絵画、美術工芸品と同じように、楽器も骨董品として扱われる工芸品であり、オークション（以下**セリ**or **セール**と略する場合もある）がイギリス、アメリカ、フランス、ドイツ、イタリアなどで定期的に開催されています。

ゴッホやルノアールの絵の超高額落札価格でよくニュースになる、皆さんにもお馴染みの**サザビーズ**（Sotheby's）、**クリスティーズ**（Christie's）、そして**フィリップス**（Phillips, 2002年 "Bonhams" に吸収合併）が、やはり楽器の三大**オークショナー**（Auctioneer セリを行なう会社 or セリ人）と言えるでしょう。三大オークションの存在がロンドンを世界最大のヴァイオリン集積地にしており、したがって世界中のディーラーが集中する場所もまたロンドンというわけで、セリはほぼ毎月行なわれています。

三大オークショナーの中でも、質、信頼度が最も高いサザビーズがトップ・オークショナーであるのは誰もが認めるところです。1998年の時点では**グラハム・ウェルズ**（Graham Wells）、**アダム・ワトソン**（Adam Watson）がそれぞれディレクター、鑑定人として「Musical Departmen t」で活躍していました。サザビーズ・ミュージカル・デパートメントの歴史を少し繙いてみましょう。

18世紀にも稀に楽器のセリは行なわれたようですが、1805年4月31日、ピアノ20台のセリを行なったという記録が残っており、これがどうやら確認できるサザビーズ最古のセールのようです。それ以後出品目録はバラエティーに富むようになり、ヴァイオリン、ヴィオラ、チェロ、弓、フルート、バズーン、リコーダー、ハープシコードなど様々な楽器がセリに掛けられるようになりました。

1900年にはストラディヴァリ 2 本、Bonavalot と Hodge -Wilkens がそれぞれ£495、£250（£は、スターリング・ポンド ［英ポンド］）で落札されたという記録があります。以後もストラディヴァリの出品はありますが、さほど多くはない黎明期であり、1969年4月のLouis Brochu コレクションのセールまでの間は13本の出品を見たに過ぎません。

1960年からセールは定期的に行なわれるようになり、高値が付くヴァイオリン族、弓がセリの主役になりました。グラハム・ウェルズは Louis Brochu コレクションのセール後、サザビーズのスペシャリストとして登場し、現在までに150回オークションを行ない、30,000本以上のヴァイオリンを世に送り出しており、オークション・マーケットの72%をシェアする存在になっています。

その中にはストラディヴァリ70本、グァルネリ・デル・ジェス10本、G.Bグァダニーニ25本など「イタリア50人衆」の銘器が多数含まれています。**トップ・プライス**（最高落札価格）を記録することがセリ人としては最高の名誉となるのですが、グラハム・ウェルズはストラディヴァリだけでも15回のうち13回のトップ・プライスを取り付けた実績を誇っています。トップ・プライスが記録される度にそのヴァイオリンの市場価格が跳ね上がりま

すから、我々買い手にとってはあまり嬉しい話ではないのですが。

　私共の仕入れはすべて欧米からで、仕入れ先はコレクター、ディーラー、演奏家、メーカー、ブローカー、ファクトリーなどと多岐にわたっていますが、仕入れの原点は何といってもセール・ルーム（Sale Room，セリが行なわれる部屋。出品すべての下見ができるところでもある）にあります。セリの本番はたった2〜3時間の短いドラマですが、本番3〜4日前から始まる下見（Pre-view，プレヴュー）での選定、ディーラー、参加者（Attendant，**アテンダント**）同志の交流、取り引き、情報交換の場でもあるセール・ルームには、ヴァイオリン・ビジネスのすべてが凝縮されていると言ってよいでしょう。セリに参加しない人でも下見は自由にでき、一度に200本前後のヴァイオリン、弓を手にすることができますから、アテンダントにとっては「見方」「選び方」の勉強にもなり、セール・ルームは正に「ヴァイオリン道場」の趣を与えています。訪れる度に懐かしさを覚える私自身の古巣でもあります。

　オークションはヴァイオリン族、弓などの新しい相場の震源地であること、今後このシリーズの各アーティクルに出てくる、取り引き上、選定上の専門用語をある程度網羅できる意味合いもあり、「選び方」の初めにオークションを紹介することにしました。鑑定書、ドキュメンツ、図鑑、文献、インヴォイス、納品書、領収書などの内容を正確に把握するための一助にきっとなるはずです。

（1）オークションの手順

①セラー（Seller，売り手）がオークショナーにヴァイオリンを委託し、同時に希望最低価格を申告する。以後ヴァイオリンはセリが終わるまで委託されることになり、セラーの出る幕はない。

②オークショナーがアイデンティフィケイションを行ない、セラーの希望も考慮に入れ、**エスティメイション**（Estimation，予想落札価格）を決定する。エスティメイションが高過ぎると入札が始まらない可能性があり、一般的にエスティメイションはそのヴァイオリンの相場より低めに設定されている。その方がセリ上がりの効果が期待できる。

③オークショナーはカタログを作成し、各ヴァイオリンの説明、エスティメイションを記載し、依頼があれば写真も掲載する。カタログは本番の2〜3週間前に世界中に領布、販売される。だいたい1回のセリで120〜250ロット（Lot，競売品の一組）の楽器類が目録される。

④本番の 3〜4 日前から下見ができる。ここで初めて**バイヤー**（Buyer，買い手）、アテンダントがセール・ルームに登場する。カタログに載っているすべてのヴァイオリン、弓がセール・ルームに展示してあり、自由に手にしてチェックできる。試奏できるものもあるが、ほとんどはセッティングされていないか、マイナーなフィッティングの状態にある。弓もほとんどが弾ける状態にはない。バイヤーはここでめぼしいヴァイオリン、弓をチェック、選定し、自分の上限落札価格を決定しておく。

⑤本番ではカタログの**ロット・ナンバー**順に入札（Bidding，**ビディング**。入札中の人をBidder，**ビダー**と言う）が進行する。前方のひな壇にいるセリ人が価格をセリ上げて行き、ビダーは合図を送るという方法がとられている。エスティメイションよりも半値ぐらい低い金額から入札はスタートする。初め多くいた**コンペティター**（Competitor，競争者）もセリ上がるにつれて少なくなり、最終的には必ず 2 人が相対する。この 2 人を**コンペティティヴ・ビダー**と言い、どちらかが最後に落札し、そのロットの入札は終わる。落札できた人を**サクセスフル・ビダー**と言う。高額ヴァイオリンほど入札に時間がかかるが、ワン・ロットで 1 分前後というところ。

⑥落札の瞬間、セリ人がハンマーを叩くので落札価格をハンマー・プライス（Hammer Price）と言う。セラー、バイヤー共にハンマー・プライスの 15〜18％をコミッションとしてオークショナーに払う。100 万円で落札された場合、サクセスフル・ビダーは 115 万円払い、セラーは 85 万円が手取りになる。ハンマーには絶対の権限があり、ハンマーが叩かれるとそのロットの入札はおしまいで、再入札は不可能。

⑦サクセスフル・ビダーは、オークション終了後キャッシャーでハンマー・プライス＋コミッションを払い、リリース・ノートをもらい、パッキング・ルームかウェア・ハウスでヴァイオリンを入手する。

（2）オークションの実際

　カタログを参考に、下見期間中めぼしいヴァイオリンをためつすがめつ精査し、自分の上限落札価格を決めておき、さぁいよいよ本番。頑張ろう！　アテンダントは約 200 人、セール・ルームは椅子席、立ち見席ともに満杯で熱気にむせかえっている。今日の主役、セリ人のグラハム・ウェルズの登場、いよいよセリの開始です。ロンドンはニューボンド・ストリート、サザビーズでのオークション。時は 1993 年 11 月 2 日、快晴。

「ロット・ナンバー・ワン、××××のヴァイオリン」とグラハム・ウェルズがタイトルを言い、アシスタントが脇でそのヴァイオリンを手でかざし、皆に見せる。本番前に下見を済ませるのが常識なのに、恥ずかしげもなく衆目の前で、かざされたヴァイオリンをあせって手にする愚か者もいる。とにもかくにもセリは進行し、いよいよLot.No.74、ガン＆ベルナルデルの番が到来。私が落札したいヴァイオリンの一つです。

エスティメイションは£10,000〜£15,000。グラハム・ウェルズは£3,000からスタート。この金額で落札できれば大儲け、たちどころに十数人のコンペティターが合図を送る。バンザイしたままの人、メガネをずり上げる人、アゴを上げる人、鉛筆を振り回す人など、ゴーサインは様々。4,000、5,000、6,000、7,000、あっという間に8,000までセリ上がり、コンペティティヴ・ビダー2人が残る。

さあ、ここでおもむろにKANDA君の登場。KANDA君の登場により、3人によるセリ合戦が再びスタート。金額がエスティメイション近くなると、セリ上げる金額は細かく刻まれる。8,500、9,000、9,500、のところで1人が脱落、とうとうKANDA君とイギリスのディーラーとの一騎打ち。10,000、10,500、11,000、11,500、12,000、と相場をとっくに超えてセリ上がる。

このあたりから2人の目はつり上がり、口は渇き、互いに「お前、いい加減にせい」という気持ちが入ってくる。初めの勢いは消え去り、ゴーの合図を送るにもインターバルが生じ、ペースは極端に落ちる。「ゼイゼイ」。ちなみにKANDA君のビディング・スタイルは鉛筆をピコピコ致します。実はKANDA君は£12,000を自分の上限と心に誓っていたのですが、ここまで来ると熱くなったKANDA君はもう誰にも止められない。「行け行けー」。12,300、12,500、12,800、13,000、13,300、13,800、になり敵はやっと降参。「ん？……で、でも儲からないよう、トホホホホ」とまあ、こんな風にセリは進行するのです。

ビディング中は金額以外のところにも神経を尖らせなくてはいけません。セリ人は手練手管の商売人ですから、コンペティティヴ・ビダーにサクラを使ったり、いかにもコンペティターがたくさんいるかのように早口でまくしたて金額を急激にセリ上げたはいいが、実はコンペティターは誰もいなかったり、セラーが自分の出品したヴァイオリンを自身でビディングしてセリ上げたり、と様々なドラマが各ロットごとに繰り広げられているのです。むろん英国紳士であるグラハム・ウェルズはそのようなインチキはなさいませんが……。その辺のことも見極めるのが「プロの腕前」。そう、KANDA君はオークションのプロなのです。

I オークション（競り市、競売）

↑ビディング中のグラハム・ウェルズ氏

オークションの風景

→落札の瞬間。
「204」番の人が落札した

（3）カタログの読み方
　　（アイデンティフィケイションについて）

　カタログにはすべての出品が目録されています。エスティメイションが£10のオーダーの
ものから£100,000のオーダーのものまで様々です。銘器は写真も掲載されますから、実物
を見なくとも、真贋、保存状態などの判断がつく場合もあります。**オークション・カタロ
グ**は文献、図鑑類の中でも一級の資料として保管されるべきものです。「**Musical
Instruments**」のタイトルですが、関連したアイテム、例えばケース、譜面台、絵画、アク
セサリー、彫像、文献、図鑑、有名なメーカーの使用した工具、スタンプ類、ヴァイオリ
ン材、弓材なども同時出品されます。ヴァイオリン族、弓、ピアノ、ハープシコード、木
管楽器、ギター、マンドリンがセールのメインになりますが、ヴァイオリン族、弓は圧倒
的に多い主役であり、古楽器、オールド、モダン、新作と何でも御座るのがオークション
です。イギリスではトップ・プライスが記録されそうなストラディヴァリ、グァルネリ・
デル・ジェスの出品がある時には、BBCによるテレビ放映が必ずあり、関心はいやが上に
も高まります。

　オークションの場合「売り手」たる人間は介在しません。つまり、詳しい説明を求める
相手はおらず、カタログの説明、実物を見る、という2点のみから選択を迫られます。ほと
んどがマイナーなフィッティング状態にあり、試奏して判断する方法にはかなりの勇気が
いります。傷の有無はカタログには記載されません。極めて巧妙に「傷隠し」のレスト
レーションをされている銘器もありますから、傷のチェックには神経を使います。有名な
割にエスティメイションが低いヴァイオリンは、保存状態が良くありません。

　オークショナーも商売ですから、各ロットをなるべく高く落札させる必要があり、簡潔
かつ巧妙な言い回しで、それぞれがなるべく良いヴァイオリンに見なされるように紹介を
します。したがって各ロットごとに記述されている内容を正確に読み取っておかないと、
大失敗する時があります。

　[例2] をご覧ください。ロット・ナンバーのあと太字で作者の紹介、楽器の種類、実際
の製作地、そして年代、ヴァイオリンの外観の説明、貼られてあるラベルの紹介、サイ
ズ、鑑定書の有無、エスティメイションの順に記載されています。冒頭の太字の部分（タ
イトル）がアイデンティフィケイションの結果で、誰によって作られたものか、あるいは
どのような類のものかが簡単に分かるように表現されています。作者名がはっきり分かれ
ば問題はないのですが、成功しなくとも誰かの作った銘器に変わりはありませんから、単
純に本物、偽物などと区分けして済まされるような世界ではありません。作者が判明しな
くとも、属する系列とか、製作年代など判り得た範囲での紹介がなければ、エスティメイ

ションすら表示できません。

　以下、アイデンティフィケイションに関する様々な言い回しを、主としてサザビーズでタイトルに使用される用語を引用し、解説します。具体的なアイデンティフィケイションとはどのようなことなのか、その概要をご理解ください。

① Antonio Stradivari, by or Work of Antonio Stradivari

　メーカーの名前のみが記載されているか、

by・・・とかWork of・・・と書かれていれば、完全にアイデンティフィケイションに成功し、タイトルにある名前の作品であるとサザビーズは断定しています。

② Ascribed to Antonio Stradivari

　ascribeは「〜に帰する」という意味ですから、直訳すれば真正のストラディヴァリという表現になりますが、サザビーズでは「サザビーズの鑑定の前まではストラディヴァリとして取り扱われた時もあるが、サザビーズの意見では本物というには無理がある」という意味合いに用います。本物とまごうばかりの銘器ですし、ストラディヴァリかもしれない可能性を持ち合わせています。

③ Attributed to Antonio Stradivari

　attributeもやはり「〜に帰する」ですが、ascribeとは意味合いが異なり、単に「見掛け、年代が〜に帰する」という場合に用います。サザビーズでは「図鑑、文献などにストラディヴァリとして載っていたり、ストラディヴァリであると書かれた鑑定書などがあったり、なおかつ似通った特徴があったりするにもかかわらず、真正であるとは言えない」作品に対して用います。微妙な言い回しですが、簡単に言ってしまえば「いくら鑑定書などがあっても、これは違う作者の作品ですよ」と言っているわけです。

④ Work shop of Antonio Stradivari

　ストラディヴァリの工房で、あるいはストラディヴァリの指導のもとに作られたことを意味します。銘器とまでは言えない作品、習作も範疇に入ります。

⑤ School of Antonio Stradivari

　ストラディヴァリの系列に属するヴァイオリンを意味しますが、「系列」ですから製作年代の幅は大きく広がります。「スクール」は大変便利な言葉で、school of Cremonaと表現すればクレモナで作られたすべてのヴァイオリンを網羅できますし、例えばただ単にフランス製であろうと思われる場合にはフレンチ・スクールと言ったり、モダン・イタリー

であろうとしか判らない時は、モダン・イタリー・スクールと言うように、「勘」を働かせる他はない場合にも使用される言葉です。

⑥ Circle of or Follower of Antonio Stradivari

同年代か、もう少し後の時代にストラディヴァリ・モデルで作られたヴァイオリンを指します。ドイツ、フランス、イギリスなど、ストラディヴァリの国籍であるイタリア以外の国の作品に属するのでは、という示唆の入った言い回しです。

⑦ Replica of or In the manner of Antonio Stradivari

古色塗りをしたり、手法を真似たりしてストラディヴァリそっくりに作ろうと努力された作品を指します。新作も含まれますし、むろん国籍はどこでもよいことになります。

⑧ Copy of or Model of Antonio Stradivari

名工とは言えない各国メーカーがストラディヴァリ・モデルで作ったものや、ファクトリー・メードの作品を指します。

⑨ Labelled Antonio Stradivari

単に「Stradivarius」というラベルが貼られているヴァイオリンを指します。ほとんどがファクトリー・メード、もしくはプレス・ヴァイオリンということになります。ドイツ系、フランス、日本の工房製、工場製のヴァイオリンには、各モデルに従ってStradivari、Guarneri、Amati、Stainerなどのラベルを貼る習慣が昔からありました。但し、例えばLabelled Stradivari by Carlo Bergonziと付け加えられていれば、そのヴァイオリンは本物のベルゴンツィを意味します。

①→⑨の順に真正の意味合いが薄れ、エスティメイションも安くなります。①であれば本物のストラディヴァリですから、例えばエスティメイションは£500,000〜£700,000であり、⑨であれば£80〜£150になります。一般的な取り引きにおいても①のような表現のみが本物を指すことを忘れないでください。アイデンティフィケイションの結果、作者が判明しなかったヴァイオリンに②〜⑨のいずれかが適用されているわけです。⑧⑨に属するヴァイオリンは本来アイデンティフィケイションを必要とするような作品ではありません。②〜⑤のヴァイオリンはタイトルに記載されたメーカーの国籍と同じです。実際にサザビーズのカタログから三つの例を抜粋して、意味合いを読み取ってみましょう。〔 〕内は筆者の加筆です。

Ⅰ オークション（競り市、競売）

[例1]のカタログ写真
GAND & BERNARDEL
Paris, 1879

[例2]のカタログ写真
LUIGI GALIMBERTI
Milan, 1933

　[例1]の意味するところは、1879年にガン＆ベルナルデルがパリで作った本物で、ラベルもオリジナルであるということになります。鑑定書などは付いていませんが、サザビーズのアイデンティフィケイションには全幅の信頼があり、写真も掲載されていることから、カタログそのものが鑑定書代わりとして通用します。このヴァイオリンは£13,800（1993年11月）で落札されました。

　[例2]の意味するところもルイージ・ガリムベルティが1933年にミラノで作った本物で、ラベルもオリジナルであるということになります。高名なダリオ・ダティリの鑑定書も付いており、サザビーズとダティリのアイデンティフィケイションが一致しています。但し、ダリオの鑑定書があるから、サザビーズがその意見に従ったわけではありません。このヴァイオリンは£4,600（1993年11月）で落札されました。

　[例3]はAttributed toですから、サザビーズはエンリコ・マルケッティ作であるとは見なしてはいません。更に[例1][例2]のようにA Violinの下に実際の製作地、年代が記載されていません。
　実はこのヴァイオリンに付いている鑑定書は「デタラメな鑑定書」の一例で、ヴァイオリンもこの鑑定書を発行したマリオ・ガダ本人の作ったものか、彼の依頼を受けたどこかの工房、工場で作られた「新作のレプリカ」（贋作）なのです。いんちきとはいえ、現役のマリオ・ガダの鑑定書があり、しかもセラーは意図的に作られた贋作であるという事実は知らずに購入しているはずです。分かってはいても、製作した現場にサザビーズの鑑定人がいたわけではありませんから、そのようなことを露骨に記載してしまえば問題が生じるのは必至で、「A Violin」のあとに製作地、年代を記載しないことによって、サザビーズは「推測してください」と示唆しているのです。
　マリオ・ガダの贋作シリーズを熟知しているアテンダントは多く、£2,000〜£3,000で入手できる代物であることも承知していますから、セラーの強い要望があったにせよ、£8,000〜£9,000のエスティメイションは高過ぎました。ビディングは£4,000からスタートしました

[例1] 〔写真有り〕

74

GAND & BERNARDEL(*fl* PARIS,1866-1887)
A VIOLIN

Paris, 1879

The one-piece back of horizontal medium curl, the ribs of medium to broad curl, the head of similar curl, the table of medium grain, the varnish of a red-brown colour on a golden ground
Labelled 「*Gand & Bernardel F^res Luthiers du Conser vatoire de Musique, N°. 831, Paris 1879*」 and faintly stamped internally *Gand & Bernardel* in the upper and lower back
Length of back 14 ⅟₁₆ in. (35.7cm.)

£ 10,000～15,000

〔直訳〕

ガン&ベルナルデル　*fl* PARIS,1866-1887)
ヴァイオリン
1879年　パリ製
裏板は1枚甲で水平に近い中幅の木目、横板は中幅～幅広の木目、スクロールは横板と同じような木目、表板は中幅のグレイン、ニスはレッド・ブラウン色で地色は黄金色〔実際には黄色〕。
「　」のラベルが貼られており、Gand & Bernardelの焼き印が裏板内側の上下にある。
ボディー・レングス 357mm
　　　　　エスティメイション£10,000～15,000

[例2] 〔写真有り〕

LUIGI GALIMBERTI(*b* 1888 ; *fl* Milan)
A VIOLIN

Milan, 1933

The two-piece back of medium curl descending from the joint, the ribs of broad curl, the head of medium curl, the table of fine grain in the centre opening out towards the flanks, the varnish of an orange-brown colour
Labelled with signatur e 「*Luigi Galimber ti fece a Milano l'anno 1933*」
Length of back 14 ⅟₁₆ in. (35.9cm.)

Sold with the certificate of Dario D'Attili, Dumont, New Jersey, dated 1st May 1992

£ 4,000～6,000

〔直訳〕

ルイージ　ガリムベルティ　（b1888,fl ミラノ）
ヴァイオリン
1933年　ミラノ製
裏板は2枚甲でジョイントから下方に向かう中幅の木目、横板は幅広の木目、スクロールは中幅の木目、表板のグレインは中心部は細かく、ジョイントから外側に向かって徐々に幅広になって行く。ニスはオレンジ-ブラウン色。
「　」のラベルが貼られており、署名もある。
ボディー・レングス 359mm

ニュージャージーのダリオ・ダティリの鑑定書が付いている。
　　　　　　エスティメイション£4,000～6,000

[例3] 〔写真無し〕

146

Attributed to **ENRICO MARCHETTI**
(b Milan, 1855; dTurin, 1930)
A VIOLIN

The two-piece back of medium curl descending from the joint, the ribs of medium to broad curl, the head of faint medium to broad curl, the table of medium grain opening out towards the flanks, the varnish of a red-brown colour on a golden ground
Labelled 「*Enrico Marchetti, Premiato con 12 Medaglie e diploma d'onor e alle primarie Esposezione fece in Cuorgn nell'anno 1891*」
Length of back 14 ⅟₁₆ in. (35.7cm.)
In case

Sold with the certificate of Mario Gadda, Porto Mantovano, date d 12th Februar y 1987 stating the instrument is the work of Enrico Marchetti with the collaboration of his son Edoardo

£ 8,000～9,000

〔直訳〕

エンリコ　マルケッティの特徴がある
(〔E.マルケッティは〕1855年ミラノに生まれ1930年トリノで死去)
ヴァイオリン
〔　？　〕
裏板は2枚甲でジョイントから下方に向かう中幅の木目、横板は中幅～幅広の木目、スクロールははっきりしない中幅～幅広の木目、表板のグレインは中心部は中幅でジョイントから外側に向かって徐々に、広になって行く。ニスはレッド-ブラウン色で地色は黄金色
〔実際には薄い黄色〕。
「　」のラベルが貼られている。
ボディー・レングス 357mm
ケース付き
〔イタリアのヴァイオリン作りである〕
マリオ・ガダの鑑定書が付いており、その中でマリオ・ガダはこのヴァイオリンは、本物のエンリコ・マルケッティの作品で、息子のエドアルドとの合作である、と述べている。

　　　　　エスティメイション£8,000～9,000

が、1人のビダーもいないまま結局ロット・ナンバー146は流れてしまいました。もしマリオ・ガダの鑑定書がなければ、タイトルは⑦のIn the manner of E. Marchettiになっていたはずで、エスティメイションも相場の£2,000〜£3,000になっていたでしょう。

「君のような優秀なメーカーが何でそんなことするのさ」。「僕の贋作シリーズは偉大なジョークだよ。いわば"ダモクレスの剣"のようなものさ。僕自身の売り値は安いのだから何の責任もないよ」と、意気軒昂なマリオ・ガダ氏でした。

エンリコ・マルケッティは本物であれば£15,000〜£20,000が相場です。そしてこのヴァイオリンには「鑑定書」も付いています。仮にこのヴァイオリンを£4,000で落札したディーラーがいた場合、そのディーラーに対するアテンダント達の評価は次の二つになり、いずれにせよ名声は地に堕ちます。

◆マリオ・ガダによる贋作シリーズも知らない「無知な奴」
◆何も知らないエンド・ユーザーを騙してエンリコ・マルケッティの本物、あるいは出物として高く売りつける「デタラメな奴」

厳しい衆目を恥ともせず、本物の相場よりはるかに安く落札できるこの種の贋作、コピー物を毎度ターゲットにするようなディーラーに「全くデタラメな売り手」の烙印が押されるのです。まともな物には一切興味を示さない彼らは、一流ディーラーの失笑の的であり、軽蔑の的でもあります。

(4) スリーパー（Sleeper, 掘り出し物）

オークショナーにもミスはあります。結果としてアイデンティフィケイションの失敗ということになりますが、安物のヴァイオリンをたくさん鑑定しているうちに、きっと疲れてしまうのでしょう。セラーの希望落札価格が低いせいもあり、銘器をうっかり見逃して安物のヴァイオリンとしてカタログしてしまうことがしばしばあります。安物として取り扱われ、出品されてしまった、程度の高い銘器、銘弓のことを、我々はスリーパーと言います。

スリーパーの発見は大儲けにつながりますし、発見そのものがディーラーとしての名誉にも関わりますから、眼力を持ったアテンダント達はスリーパーの発見には力を入れます。一般のアテンダント、メーカー、ディーラー達はカタログに従順ですし、眼力も持ち合わせていません。したがってスリーパーに対するコンペティターは限定されます。1人だけの発見であれば安物ヴァイオリンとしての金額で落札できるわけで、超出物が入手できるかもしれないチャンスには胸が躍ります。当然スリーパーは前項（3）の⑥⑦⑧⑨の中に眠っていることになり、エスティメイションは高くともせいぜい£2,000位のところでしょう。セール・ルームでは、セラーが持ち込んできたそのままの状態で放置される「そ

の他多勢」のセクションに展示されており、まことにお気の毒な立場にスリーパーは置かれています。その他多勢のセクションを隈なく漁る人々の中には、世界的に有名なディーラーの姿も垣間見られます。

　いくら自分がスリーパーを発見しても、他人が気付いてしまえばコンペティティヴ・ビダーが存在することになり、金額はセリ上がり、せっかくの幸運もぬか喜びになります。中には下見の期間中、発見したスリーパーをずっと持ちっぱなしで他のアテンダントの目に触れないようにしたり、セール・ルーム内の皆の目に届かない場所にこっそり隠したりする図々しい奴もいます。

　私自身も過去 3 回スリーパーを発見し、2 回サクセスフル・ビダーになっています。私の例を紹介しましょう。

カタログ　　　　　　　　　　　　　　　　　　エスティメイション

① A German Violin with one old bow　　　　　　£150〜200

　　この弓は**ドミニク・ペカット**でした。

　　　　　　　　　　　ハンマー・プライス　　£220

　（ヴァイオリンは材料にしか使えないようなオールドでしたが、私のみの発見でしたから、ペカットの弓がたった8万円で手に入りました。）

② Copy of A. Stradivari, German ca 1890　　　　£1,500〜2,000

　　このヴァイオリンは**エンリコ・ロッカ**でした。

　　　　　　　　　　　ハンマー・プライス　　£45,000

　（私と 2 人のディーラーが発見し、セリ上がってしまい、結局ロンドンのチャールズ・ビアがセリ勝ちました。）

③ Labelled Enrico Ceruti, interesting Violin　　　£4,000〜6,000

　　本物の**エンリコ・チェルーティ**でした。

　　　　　　　　　　　ハンマー・プライス　　£42,000

　（私とチャールズ・ビアが発見し、私が勝ちましたが、ハンマー・プライスは相場になってしまいました。）

　①はフィリップス、②はサザビーズ、③はクリスティーズでの発見です。ニューヨークのジャック・フランセが30年ほど前、ストラディヴァリを「発掘」したと自慢するように、スリーパーの存在が我々ディーラーを毎度オークションに向かわせているのかもしれません。

－ memo －

Chapter II

鑑定書（証明書）について

「鑑定」のことを国語辞典では「調べて本物かどうか、また、品質の良し悪し、価格などを定めること。めきき。」と解説しています。1通で「鑑定」に関わるすべての内容を網羅、証明しているヴァイオリンの鑑定書（証明書も同義）は存在せず、一般的に、

① アイデンティフィケイションの結果（作者の特定）を証明したもの（**鑑定書,** Certificate or Papers）。

② 価格、保存状態を証明したもの（**価格証明書,** Valuation、評価証明書, Appraisal）。

③ 個々のヴァイオリンにまつわる歴史、履歴を記したもの（**ドキュメンツ,** Documents）。

の3種類に分類でき、更に鑑定書代わりに通用するものとして、

④ カタログ、パンフレット、雑誌　類。

⑤ オークション・カタログ、文献、図鑑　類。

⑥ 領収書、納品書、インボイス、保険証書　類。

などが挙げられます。

④⑤⑥は、いわゆる証明書類ではありませんが、「そのヴァイオリンである」ことを裏付ける重要な役割を、鑑定書以上に果たすこともあります。皆さんがご興味をお持ちなのはむろん①の鑑定書（証明書）のことであり、鑑定書の有無は、選定の際の皆さんの心理状況に少なからぬ影響を与えているように思えます。鑑定人の信用度、売り手の資質などが相まって初めて鑑定書というものは生きてくるのですが、この章では①の鑑定書についてのみ説明を致します。キーワードは「**鑑定書などあろうとなかろうと、本物は本物、銘器は銘器であり、たとえ鑑定書などがあったとしても、偽物は偽物、駄作は駄作である**」ということになりそうです。

（1）鑑定書の意義

鑑定書はディーラーによって発行されており、ヴァイオリンの世界では「鑑定」そのものを職とする存在は皆無です。なぜなら鑑定書を発行するディーラー、メーカー、**鑑定人**（**コニサール,** Connoisseur）と言われている人々など、すべてがヴァイオリンの売り手、すなわちディーラーだからです。つまり「鑑定人」＝「ディーラー」であり、販売に際して彼らが「そのヴァイオリンである」ことの証明を普遍化するために、もしくは広く自分の名声を得る目的のために、売ったヴァイオリンに鑑定書を添付する慣習が生まれました。ヴァイオリンの誕生時から一緒に伴っている類のものではありません。

その慣習が発展し、依頼があれば鑑定料をもらい、他人の売ったヴァイオリンにも鑑定書を発行するという業務も行なうようになったわけで、鑑定人がディーラーであることに

は変わりはありません。

　したがってヴァイオリンの鑑定書はすべて「**私文書**」であり、鑑定書を発行する公の機関はどの国にもありませんし、国際的な機関もありません。

　コニサールを育成したり、認定したりする機関も存在しないわけですから、ディーラーならずとも、誰もが勝手に鑑定書を発行できるのがヴァイオリンの世界です。何の資格も必要としませんから、皆さんでも自由に発行できるのです。

　発生源的に人を騙す目的で発行されたものもたくさんあれば、売買の過程で、鑑定書を発行するディーラーの手を全然経ていないがゆえに、鑑定書のない銘器もたくさんあるというわけです。

　[例4] **Jay Ifshin**（アメリカ西海岸最大のディーラー）の鑑定書をご覧になってください。既存の鑑定書は、すべて同じような様式で書かれています。アンダーラインの部分に注目してください。どの鑑定書もアイデンティフィケイションの部分の記述は、必ず「私は〜作であることを証明する」とか「我々の見解では〜作である」という表現にしてあります。要するにあくまで「**私的な見解**」で作者を特定し、証明しているのがヴァイオリンの鑑定書なのです。証明している「私」は鑑定書のレターヘッドにある会社名、個人名か、サインをしている人を指します。書式も極めて簡単なもので、「〜のような根拠、理由によ

例4［写真付き］

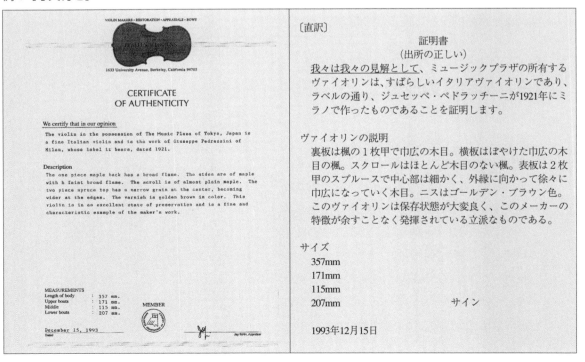

りこのヴァイオリンは〜作であると断定する」というような学術的な見解は一切記入されておらず、単に「私は〜作であることを証明する」と書かれています。あとは外観の説明のみです。

ヴァイオリンの鑑定書は、いわば書画骨董の「**箱書き**」に相当するもので、本来的な意味での鑑定書の体をなしてはいません。誰もが「なる程、だから〜の作品なのだな」と納得できるような説明は全くないのですから、鑑定書自体は正にペーパーに過ぎないと言えるでしょう。

では、ペーパーに過ぎない鑑定書の何が大切なのでしょうか。答えは簡単です。鑑定人、発行者の信用度がその鑑定書の価値を決定付けているのです。鑑定書に準じる類もしかりです。鑑定書の信頼度は、鑑定人、発行者の信頼度とイコールであると思ってください。ヴァイオリンの鑑定書にあっては、「誰が発行した鑑定書か」の一点のみがものを言うのです。鑑定書が付いていたとしても、それが「デタラメなディーラー」の発行したものであれば、その鑑定書は何の価値もありませんし、通用もしません。そのような鑑定書は九分九厘、作者名を偽って記載してありますから、ヴァイオリンが一流ディーラーの目に触れる機会さえあれば、そこにある欺瞞はたちどころに暴かれてしまいます。一流ディーラーは、鑑定書の発行者名を聞いただけで、未だまみえぬヴァイオリンの見当すらついてしまうものです。

ヴァイオリンの鑑定書は信頼の置ける一流ディーラーによって発行されてこそ、真の価値、意義があるのです。

(2) 鑑定書の歴史

鑑定の方法、鑑定書の様式はロンドンの**W.E. Hill & Sons（ヒル商会）**によって確立されましたが、信頼の置ける鑑定書を発行した最初のディーラーは、J.B.ヴィヨームにまで遡ることができます。1857年に発行された彼の鑑定書が残っています［例5］。

今述べたように、鑑定書の発行により、発行者もしくはヴァイオリンそのものを権威付けるという手法はヒル商会によって確立されましたが、ヴァイオリンにランク付けをし、骨董品と

例5 ［写真なし］

鑑定書用紙ではなくインボイスに書かれている。
（R. Millant著「J.B.Vuillaume」より）

例6 ［写真なし］

1895年発行のヒル商会の鑑定書。
（Music Plaza コレクションより）

例7 ［写真なし］

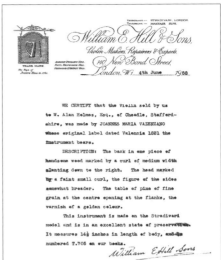

1958年発行のヒル商会の鑑定書。
（Music Plaza コレクションより）

して取り扱う現在のヴァイオリン・ディールの世界を確立したのも、ヒル商会なのです。ヒル・ファミリーはありとあらゆるヴァイオリン族をコレクションし、研究を行ないましたから、アイデンティフィケイションに関しては最も権威あるオピニオン・リーダーとなりました。ストラディヴァリ、グァルネリ・デル・ジェスの真価を世に知らしめたのもヒル商会でした。ヒルのあとにヒルなしと言えるでしょう。［例6］［例7］のヒル商会の鑑定書を参照してください。

　ヘンリー・ロッキー・ヒルまではメーカーとして有名なファミリーでしたが、4代目のウィリアム・エブスワースが1880年にディーラーとしてのヒル商会を設立しました。その頃から鑑定、鑑定書の発行という業務も行なうようになり、売買、修理、音調整、毛替えなどを主要な仕事とし、以後、ヒル・ファミリーはメーカーとしてよりは、世界で最も信頼置けるディーラー、コニサールとして名を馳せていきます。

　「W. E. Hill & Sons」のラベル、スタンプで、優れたヴァイオリン、弓も製作、販売していますが、大部分は工房に雇われた腕の良い職人によって作られました。ヴァイオリンでは**C.F.ランゴネー**、弓では**J.タブス**が有名です。

　ヒル商会によって確立された鑑定書を発行するという手法は、信頼置けるディーラーとしての名声を勝ち得るための正攻法として馴染みましたから、ドイツの**ハンマ商会**、オランダの**マックス・メラー**、フランスの**カレッサ＆フランセ**などの一流ディーラーも率先して発行するようになりました。アメリカでは**ウルリツァー社**がヒル商会の役割を担い、アメリカにおける中心的なディーラーとして活躍しました。今では欧米の大半のディーラー、

Ⅱ 鑑定書について

メーカーが鑑定書を発行しています。残念ながらヒル商会は1992年、その栄光の幕を閉じることになります。

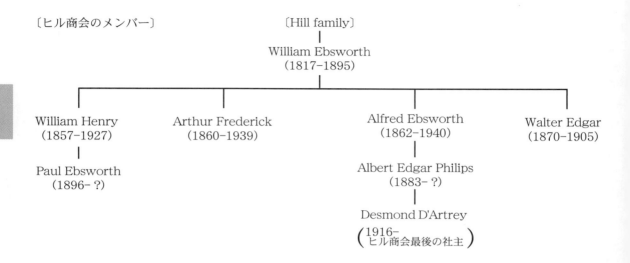

（3）鑑定書の効用

　由緒正しい鑑定書付きのヴァイオリンを購入しておけば、将来の売買がより有利に運ぶことは確かです。しかし銘器であれば鑑定書は必ず添付されていると思われたり、鑑定書のないヴァイオリンは銘器でもないし、本物でもないなどとは夢にも思わないでください。
　先にも申しましたが、鑑定書のない銘器はたくさん存在します。あるヴァイオリンがその流通の歴史の中で、鑑定書を発行するディーラーの手を経なかった場合、鑑定書は付いていません。例えばストラディヴァリがスペイン国王に直接売り、その後ヴァイオリニストやコレクターの間を渡り歩き現在に到るのであれば、1通の鑑定書もないストラディヴァリが存在してもおかしくはないわけです。逆に鑑定書を発行するディーラーの間を行き来したようなストラディヴァリには、例えば、12通もの鑑定書が付いているといったこともあります。

　最近でこそ多くのディーラーが鑑定書を発行するようになり、鑑定書付きのヴァイオリンや弓がたくさん存在するようになりましたが、一昔前までは鑑定書のない銘器、銘弓の方がはるかに多く、鑑定書の有無が売買に与える影響は些少でした。私がこの仕事に携わった当時、モダン・ヴァイオリンや弓に鑑定書を添付するなどということは思いもよらないことでした。
　現在では鑑定書が大切なのか、ヴァイオリンが大切なのか、どちらか分からなくなって

しまうほど、鑑定書に固執するエンド・ユーザーが増加しています。そのせいでしょうか、レベルの低いヴァイオリンや弓にまで、それが一種のサービスであるかのように鑑定書を多発するディーラーがおります。節度のない鑑定書の発行は、一流ディーラーからすれば全くの愚行に過ぎません。かえってそのような風潮が、ある意味で極めて危険な状況に皆さんを追いやる要因をも作り出しているのです。「極めて危険」とは我ながら大袈裟な表現をしたものですが、以下の説明から皆さん自身でご判断ください。

　戦後、一流ディーラーは増加しましたが、同時に「贋作」「詐欺まがい商法のディーラー」も世界中に蔓延するようになりました。鑑定書を望む声が増えたのは歴史の必然でしょう。一流ディーラー達による鑑定書の発行は大歓迎なのですが、「鑑定書付き」ということで安心してしまうエンド・ユーザーの心理を利用し、鑑定書を逆手にとって多額のお金を騙取する輩もまた、増え続けているのが昨今のこの業界です。

　一昔前の「デタラメなディーラー」達は、せいぜいラベルを貼り替えるぐらいの可愛いものだったようですが、その手口が通用しなくなると、今度は鑑定書を騙しの手段として利用するようになりました。鑑定書は誰もが発行できることを思い出してください。「騙しを目的として発行した鑑定書」「デタラメなディーラーの発行した鑑定書」（以下まとめて「デタラメな鑑定書」と言います）の数は、一流ディーラーからなる由緒正しい鑑定書よりずっとずっと多くなってしまったことを、この際皆さんに認識してほしいのです。

　「デタラメな鑑定書」の発行者自身は"天網恢恢疎にして漏らさず"のたとえどおり、いずれ自然淘汰される運命にあります。しかしそれでも問題が残ります。なぜなら、「デタラメな鑑定書」付きの偽ヴァイオリンは、歴然と市場に存在し続けるからです。そのような疑わしいヴァイオリンは、本物の値段の五分の一から十分の一という安値で手に入るわけですから、甘い汁を吸うことしか考えない「デタラメなディーラー」達がこの種のヴァイオリンを見逃すはずはありません。彼らは偽物と判っていようがいまいが、いずれにせよ「鑑定書があるのだから本物です」ということで、本物の相場でエンド・ユーザーに平気で売りつけてしまいます。

　「デタラメなディーラー」が鑑定書を悪用する手口はこんなものではありません。彼らは「鑑定書のすり替え」、「由緒ある鑑定書の改竄」などを当たり前の生業としているのです。そのようなインチキの見分け方は、次の（4）で詳しく説明致します。

　「デタラメな鑑定書」であったことが暴露された時、その発行人や、その偽ヴァイオリンを売却したディーラーは法律で罰せられないのでしょうか。

　「刑事事件としては難しい」が答えです。詐欺罪などの適用は不可能に近いと言ってよいでしょう。なぜならヴァイオリンの鑑定書は「私文書」だからです。鑑定書の書き出しを思い出してください。「私の見解では……」「我々の意見では……」と必ず記されているところにマジックがあるのです。権威ある鑑定書もデタラメな鑑定書も、書き出しの部分

は一緒です。あくまで「私的見解」ですから、インチキが判明したとしても「私は本物だと思っていましたから、騙すつもりなど毛頭ありませんでした。単なる鑑定ミスです」という言い訳が成り立ってしまうのです。売却したディーラーはディーラーで、鑑定書の発行人に罪をなすりつけます。むろん道義的な責任は存在しますから、買い戻しをさせたり、民事訴訟はできるのですが、詐欺罪などの刑事問題にまでは発展し得ません。

　もう少し詳しく説明しておきますと、そのような例が同じディーラーから5〜6件発覚し、売値が偽ヴァイオリンの相場の5〜6倍以上であれば詐欺罪として立件できるのですが、誰だか分からない5〜6人の被害者が一堂に会せるチャンスは、万に一つの可能性と言うべきものでしょう。

　「デタラメなディーラー」達は以上のことを百も承知していますから、ばれなければ儲けもの、ばれてもすったもんだの挙げ句、安く買い戻せばそれで良し、と高をくくっているのです。そのような不逞の輩は世界中に棲息しており、東洋の某ヴァイオリン大国にも意外なほどたくさん棲息していることを常に念頭に置いておくべきだと思います。

　現存する鑑定書すべてが一流ディーラーの発行からなるものであれば、私も「鑑定書」の章を設ける必要はありません。皆さんはヴァイオリンそのものの真贋を見分ける能力がないことからくる不安感をお持ちですから鑑定書を頼りにされるのですが、そこには大きな陥穽（かんせい）も待ち受けていることはお分かりいただけたと思います。鑑定書さえあれば、どのようなディーラーから購入しても安心である、とお思いの方は、考え方を改めてください。たとえ由緒ある真正の鑑定書があったとしても、デタラメなディーラー達はデタラメなのです。大切なことは、鑑定書などあろうとなかろうと、ヴァイオリンは、一流ディーラー、もしくは一流ではないにしても、商売人として信頼の置けるディーラーから購入すべきなのです。

　「**一流ディーラー**」とは、大手のディーラーを意味するものではありません。全くデタラメな大手ディーラーも存在するからです。まともなヴァイオリンをまともな値段で売り、売ったヴァイオリンに責任を持っていさえすれば、鑑定人と言われるほどの見識は持ち合わせなくとも、既に一流ディーラーの資格はあると言えるでしょう。「売り手」のことは、**Ⅷ章「ヴァイオリンの買い方……実践……」**(2) をお読みください。

　一流ディーラーはデタラメな鑑定書付きのヴァイオリンを購入したとしても、そのような鑑定書は破棄するか、門外不出の参考資料として保管するかして、エンド・ユーザーには渡しません。自分の正しいアイデンティフィケイションの結果とは明らかに矛盾するからです。そして自分のアイデンティフィケイションの結果に見合った相場でヴァイオリンは売却します。彼らは由緒ある鑑定書付きであれば、鑑定書の真偽を、そして間違いなくそのヴァイオリンに対して発行されたものかどうかを確認して、エンド・ユーザーに渡さ

なければいけないという義務感を持ち合わせています。したがって一流ディーラーから受け取った鑑定書は常に正当なものであり、世界中に通用もするのです。一流ディーラーは至極自然に不正をチェックする役割を担っています。

　鑑定書発行の有無は、ディーラーの信頼度のリトマス試験紙にはなりません。鑑定書を発行しない一流ディーラーはたくさん存在します。

　長年真面目に勉強を積み重ね、知識を蓄えれば、自ずから見識、眼力は身に付きます。鑑定書を発行しても構わないほどの眼力が備わったとしても、発行する側に立って考えてみると、それは言わば諸刃の剣で、高名を馳せ一層の飛躍ができるのか、はたまたアイデンティフィケイションの失敗を重ね地獄に堕ちるのか、の重大な選択を迫られます。なぜなら、鑑定人か、それ以上と言われる眼力を持ったとしても、すべてのヴァイオリンを特定できるはずがないことは、この世界に在籍する一流ディーラーすべてが認識しているところだからです。

　見識が深まれば深まるほど、上には上がいることも分かってきますから、責任の重さを痛感するはずで、たとえ秀でた眼力が備わっていても、鑑定書の発行を生業の一つとするには躊躇いがあるものなのです。一度発行されれば、鑑定書はヴァイオリンと共に世界中を駆け巡ることになり、アイデンティフィケイションの失敗はたとえ一本たりともしたくない、という気持ちが優先するのです。どの一流ディーラーにも間違いはあるのですが……。

　しかし、そのような域に達しているディーラーは全幅の信頼を置ける一流ディーラーですから、鑑定書など発行しなくとも、アイデンティフィケイションは正当なものであり、安心して購入できるのです。彼らの納品書、領収書などは、鑑定書の役割を充分に果たしています。

　とりとめもなく書いてきましたが、あくまでヴァイオリンそのものが主役であり、鑑定書は脇役の一つに過ぎないことを忘れないでください。実際、本物の銘器は、誰しも一見して素晴らしいと思えるものなのです。音もしかりです。

　ただし、脇役とはいえ、由緒正しい鑑定書は一種の優良有価証券のような力を発揮します。つまり、世界中の人々が即座にそのヴァイオリンは本物であると信頼してくれますし、売買も容易に進行することでしょう。

　発行者の知名度によってヴァイオリンの値段が変わることはありません。鑑定書には**「信頼の置けるもの」「信頼できないもの」の2種類しかない**からです。そして信頼の置ける鑑定書付きのヴァイオリンは常に相場で売買されていきますから、出物はあり得ないと思われた方が賢明です。

由緒正しい一流の鑑定書以上に信頼できないデタラメな鑑定書がたくさん流通している現実を考えると、鑑定書の有無を至上とするようなエンド・ユーザーは、偽物のヴァイオリンを掴まされる危険に常に曝されているとも言えるでしょう。デタラメな鑑定書が存在する限り、つまるところ鑑定書の効用は半々というところでしょうか。鑑定書があろうがなかろうが安心できるのが、一流ディーラー、信頼の置けるディーラーの扱うヴァイオリンです。

くれぐれも「鑑定書」が添付されていることを前提とするようなオーダーの仕方はなさらないことです。「はじめにヴァイオリンありき」なのですから。

（4）鑑定書の読み方、確認の仕方

信頼のおける鑑定書を、以後「**一流鑑定書**」と言うことにします。

［例8］ジャック・フランセの鑑定書をご覧ください。ほとんどの一流鑑定書には下の①～⑨の内容が網羅されており、一昔前の鑑定書とは違い、写真の貼付も現在では常識になっているようです。

① 所有者 or 売却先の名前
② ラベルの有無、内容
③ 作者の名前（アイデンティフィケイションの結果）
④ 外観の説明
⑤ 保存状態、ニックネーム、モデル、履歴など
⑥ 寸法
⑦ サイン
⑧ レジスター・ナンバー（IDナンバー）
⑨ 発行日
⑩ 写真

記載内容の内、皆さんが確認すべき大切なポイントとしては、次の三つが挙げられます。

a）作者名
b）当該ヴァイオリンかどうか（そのヴァイオリンに対して発行された鑑定書かどうか）
c）保存状態

例8　ジャック・フランセの鑑定書

⑧ *Reg. No.* 2666

I certify that the violin in the possession of ① Music Plaza, Ltd., of Tokyo, Japan, ② bearing a label Evasio E. Guerra, dated 1921, ③ is genuine of this maker in all its parts.

④ <u>DESCRIPTION OF THE INSTRUMENT:</u>

a) <u>Top:</u>　　Made of two pieces spruce with a broad grain, widening toward the edges.
b) <u>Back:</u>　　Made of one piece maple, with small and lively flame, slanting slightly to the right side.
c) <u>Sides:</u>　　Made of maple, matching the one of the back.
d) <u>Scroll:</u>　　Made of maple, matching the one of the back and sides.
e) <u>Varnish:</u>　Of a light orange brown color, plentiful all over the instrument.

⑤ This is a characteristic example of the maker's work in an excellent state of preservation, modeled after a Guarnerius Del Gesu.

⑩ 写真（裏面もしくは次の頁に貼付）

⑥ *Measurements*

Length .... 356 mm
Width U. B. .... 166 mm
Width M. B. .... 112 mm
Width L. B. .... 207 mm

⑦ *Jacques Français*

New York Sept. 30, 1986 ⑨

Ⅱ 鑑定書について

ａ）は③からすぐ分かります。Ⅰ章「オークション」（3）『カタログの読み方』―①～⑨を参考にしてください。確認作業で次に大切なｂ）に関しては、ある程度の知識を必要とします。鑑定書は写真が貼付されていなくとも、②④⑥から当該ヴァイオリンかどうか確認できるようになっています。たとえ鑑定書そのものが真正の一流のものであっても、他のヴァイオリンに対して発行されたものであれば、何の意味もありません。発行者が④のDescriptionを詳しく書くのは、そのようなことを防止するためです。ここでは特にｂ）に重点をおいて、①～⑩はどのような意味合いを持っているのか、順次説明していきます。

① 所有者 or 売却先の確認

　一流鑑定書が既に付いていれば、ヴァイオリンが超一級の有名な銘器でもない限り、一流ディーラーは新たに自分の鑑定書は発行いたしません。1通あれば充分という考えがありますし、手間を省きたい気持ちもあるからでしょう。既存の鑑定書のみを付けてヴァイオリンを売却します。功名心にかられた若手のディーラーの中には、買い手に一流鑑定書は渡さず、新たに発行した自分の鑑定書のみを渡す者もおりますが、これはルール違反になります。アイデンティフィケイションに成功したのは、あたかも自分の能力であるかのようにひけらかす目的で、アンチョコとなった一流鑑定書はなかったことにしてしまうディーラーは少なからず存在します。有名になるための一つの手段とはいえ、発行された一流鑑定書はすべて購入者に渡さなくてはいけない、という義務感を忘れてはいけないはずです。

　皆さんが購入したヴァイオリンに、新たに鑑定書が発行されれば、ここには皆さんの名前が記載されます。名前と同時に住んでいる都市名とか国名も記すのは、同姓同名を想定しているからです。所有者の名前を必ず記載するのは、自分の発行した鑑定書もしくは売却したヴァイオリンが悪用されるのを防ぐ、という意味合いも含まれます。オーナーが証人になってくれるからです。

　ａ）ｂ）ｃ）に①は関係しませんが、この箇所がマジックで消されていたり、オリジナルを削り取り、新たに名前が書き込まれていたりするような例があり、何か不正が行なわれたのでは、と思わせるようなことがあります。元のオーナーが所有者であったことを秘匿したい場合や、買い手の嫌いな名前が載っているためにあたら銘器が売れなくなってしまうような状況が想定される場合などが原因になっているようですが、そこに悪意はあまり感じられません。そのような鑑定書であっても、ａ）ｂ）ｃ）やその他の箇所が正しければ、価値は保全されていますから、私共はこの部分は深くチェックしないことにしています。仮に著名なヴァイオリニストの名前が記されていれば、ヴァイオリンの値段にプレミアムが付くのは必至でしょう。

この部分は次のように表現されます。

＊in the possession of MUSIC PLAZA

（この表現の場合、必ずしも発行者が売却したものとは限らない）

＊sold by us to MUSIC PLAZA

② ラベルの有無、内容、の確認

　ラベルそのものについてはⅤ章「ラベルの話」で詳しく説明します。一流ディーラーは
オリジナルのラベルであろうと思っても、「オリジナルのラベルが貼られている」という表
現は滅多にしません。ラベルは簡単に貼り替えられますし、極めて精巧な偽造ラベル作り
に命をかけているメーカー、デタラメなディーラーが昔からいることを承知しているから
です。ストラディヴァリは銅版を使用してラベルを作っていたのですが、わざわざそっく
りの銅版を作ってしまうような輩も中にはいるのです。通常は ƒ 孔から暗い内部を覗いて
ラベルを読み取りますから、オリジナルかどうかの判断は困難な作業になります。たとえ
ラベルがオリジナルであっても、そのラベルが他の真正ヴァイオリンから取りはずされた
ものである場合も多分にありますし、オリジナルであるとかないとかは、値段に全く反映
しません。以上のような理由から、ラベルはアイデンティフィケイションの糧には全くな
り得ないのです。

　鑑定書に「〜のラベルが貼ってある」と記す目的は、当該ヴァイオリンであるかどうか
を買い手に確認できるようにするためにあります。つまり、ヴァイオリンのラベルと鑑定
書の記載が一致しているかどうか確認できればよいわけです。

　オリジナルであるかどうかということより、ラベルは「**正義のラベル**」「**悪意のラベル**」
の二通りに分けて見た方が分かり易いでしょう。騙しを目的とする「悪意のラベル」に貼
り替えられているヴァイオリンを入手した時、そのラベルは取りはずし、正しい製作者の
ラベルをコピーして新たに貼る一流ディーラーは少なからず存在します。オリジナル・ラ
ベルと同様、この種のラベルは「正義のラベル」と言えます。一方ありのままの状態を大
切にする一流ディーラーもたくさんおり、彼らは「悪意のラベル」が貼られたままヴァイ
オリンを売りますから、そのような場合、ラベルと正しい作者の名前とが鑑定書上では不
一致となります。

＊beare the label Guerra

＊labelled Guerra

のように表現します。

③ 作者の確認（アイデンティフィケイションの結果）

　ここには当然製作者の名前が記されます。作者名が判明しない時は、Ⅰ章（3）—②〜⑨いずれかの記述になり、少なくともスクール、国籍、およその製作年代などが記載されます。ラベルと作者名とが一致していれば［例8］のように

A **bearing a label** E. Guerra 1921 Torino, is genuine of this maker

などと表現されますし、ラベルと作者名とが違う場合、例えばロッカのラベルが貼られていれば

B labelled, Josef Rocca 1857 Torino, <u>is made by</u> E. Guerra dated ca1920

などと表現します。Aの場合は、オリジナルであろうとなかろうと正義のラベルですから、製作年代を1921年とはっきり特定して記しても、大局から見て問題はありません。Bの場合、ラベルは別の作者のものですし、製作年代を一年単位の誤差で特定するのは不可能ですから、ca1920とアバウトな表現になります。

　皆さんが一番知りたいのはこの部分ですが、真贋については（1）で述べたように、発行者もしくは売り手をひたすら信用するほかはありません。売り手の納品書、領収書などのドキュメント類に作者名が正しく書かれているかどうか確認するのも大切な作業です。

　文献などをご覧になり、せめて自分のヴァイオリンのことは知っておくべきでしょう。

④ 外観の確認（Description,ディスクリプション）

　鑑定書を発行する一流ディーラーは、せっかく発行した鑑定書がデタラメなディーラーの手によって別のヴァイオリンに添付されることを最も恐れます。そのまま流通してしまえば偽物のヴァイオリンを売ったことになり、知らないうちに自分の名声が地に落ちてしまうからです。③⑤⑨以外は、不正を防止するための二重三重のバリヤーになっています。貼付写真を見れば分かる外観を、ここでわざわざ文字にして表現してあることに意義があります。写真は貼り替えられたり、はぎ取られたりもしますが、文章の改竄は難しいからです。

　写真が貼付されていない鑑定書もたくさんあります。当該ヴァイオリンかどうか確認するには、外観と⑥の寸法との2点が合致しているかどうかを見れば、手っ取り早く判断ができます。たとえ写真が貼付され、ラベルの一致を見たとしても、次のa）〜e）は必ず確認する必要があります。文章が改竄された跡があったり、a）〜e）の内容が一ヵ所でも一致しなかったりした時は、ヴァイオリンか鑑定書かのどちらかが偽物になるからです。

a) トップ（表板）

　1枚甲であるか2枚甲であるか。材料は何であるか。夏目の幅（普通、冬目はグレインだが、夏目をグレインとも言う）はどのようになっているか。例えば、細かい（fine or narrow, 0.5mm以内）、中幅（medium, 1mm前後）、幅広（wide, 2mm前後以上）などと使い分けてあります。外縁に向かって幅広になっている場合は

＊**fine grain at the center, opening toward the flanks**

などと表現されます。

b) バック（裏板）

　1枚甲であるか2枚甲であるか。材料は何であるか。クォーター・カットであれば木目（flame or curl）の幅はどうなっているか。例えば、狭い（narrow, 4mm以内）、中幅（medium, 6mm前後～10mm前後）、幅広（wide or broad, 13mm 前後以上）などと使い分けてあります。木目はどちらの方向を向いているか。例えば2枚甲であれば、ジョイントから上方に向かう木目なのか下方に向かう木目なのか。1枚甲であれば、トゥレブル・サイドからバス・サイドに向かって上方なのか下方なのか。スラブ・カットであれば、どのような木目をしているか。木目がない場合はplainと表現されます。例えば2枚甲で木目がジョイントから上方に向かっていれば

＊**slanting upward from the joint**

などと表現されます。

c) サイド（横板）

　材料は何であるか。クォーター・カットなのかスラブ・カットなのか。クォーター・カットなら、木目の幅、スラブ・カットならどのような木目か。一般的に、横板は裏板と同じ材料から切り出されます。したがって

＊**similar to that of the back**

などと略して表現される場合が多いようです。

d）ヘッド（ヘッドはスクロール＋ペッグ・ボックス。ヘッドをスクロールという人もいる。）

　　ヘッド（スクロール）も、一般的には裏板と同じ材料から切り出されます。したがって表現は c）と同じように略す場合が多い。

e）ニス

　　何色か。全面に残っているのか部分的に残っているのか。地色は何色か（地色を記さない鑑定書は多い）。ニスの色は**西日に当てたときの色**を原則としますが、それでも人によって表現にはばらつきがあります。例えば購入者にはライト・オレンジ・ブラウンに見えても、鑑定書にはオレンジ・ブラウンなどと記されていることも多々あります。基本色部分の表現に違いがなければ、見解の相違はやむを得ません。オレンジ・ブラウンなのにレッド・ブラウンなどと記されていれば、おかしいと思ってよいでしょう。カラー写真の色は対象にはなりません。

⑤ 保存状態の確認

　　保存状態はあまり詳しく記載してありません。④のあとにせいぜい一行くらいのところでしょう。保存状態はヴァイオリン本体を見て確認した方が早いからです。最近は修復技術が飛躍的に向上し、銘器であればあるほど丁寧に修復されていますから、よほどの熟練者でないと修理箇所は発見できません。いくら上手に修復されているとはいえ、それはダメージを受けたヴァイオリンであることに違いはありません。したがって、値段は完璧な状態のものよりは安くなります。つまり保存状態の如何は値段に深く関わり、特に割れ傷の有無は大切な要素となります。傷の発見方法はⅢ章「値段について」(6)『保存状態……』で書きます。一流鑑定書に

＊**excellent condition**

＊**very good state of preservation**

＊**mint condition**（ニス傷すらない状態）

＊**pristine state**（出来たての状態）

などと記されていれば、そのヴァイオリンは極めて良好な保存状態にあると信じてよいでしょう。「保存状態が良い」とは、ヴァイオリンがその歴史の中で大きなダメージを受けなかったことを意味します。したがっていくら巧みに修復されていようとも、大きなダメージを受けたヴァイオリンについては「傷がある」と私共は言います。なぜなら修復箇所は、何年後か何十年後かには、何がしかのトラブルを再び引き起こす確率が高いからです。ヴァイオリンの木が生きている以上、傷も生きているのです。

完璧に修復されていたとしても、ダメージを受けたヴァイオリンに「保存状態が良い」とは書かないのが一流鑑定書です。きれいに直っているのですから「保存状態が悪い」とわざわざ書く必要はありません。保存状態のことは何も記さないことによって、ダメージを受けたヴァイオリンであることを示唆します。ただし、保存状態が良かろうと悪かろうと保存状態のことには一切触れない一流ディーラーがいることも忘れないでください。

⑥ 寸法の確認

④と寸法を確認することで、当該ヴァイオリンかどうか判断はつきます。スティールの巻き尺（カラパス）で外側から測定した数値を万国共通の寸法（サイズ）としています。鑑定書におけるボディー・レングスは［図1］の (a) の長さです。アッパー・バウツ (b)、ミドゥル・バウツ (c)、ロアー・バウツ (d)、の4点が記されます。ヒル商会の昔の鑑定書は、ボディー・レングスのみの記載です。測定者によってばらつきはありますから、±1mm未満以内の誤差は許容範囲です。ご自分で測定して、4箇所のうち1箇所でも1mm以上の誤差があったら、たとえ④での合致を見ても、疑わしいことになります。

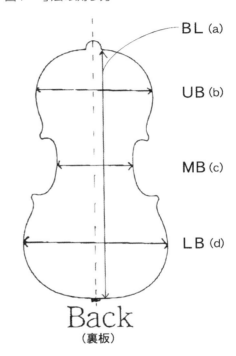

図1　寸法の測り方

⑦ サインの確認

手書きによるサインがあるかないか、必ず確認してください。サインがなければ完全なインチキ鑑定書です。

⑧ レジスター・ナンバー（ＩＤナンバー）

鑑定書によっては登録ナンバー、あるいは照会ナンバーが記されています。同じナンバーをヴァイオリン本体の内部に貼るディーラーもおります。ヒル商会は指板の駒側端にナンバーを刻印しました（**ヒル・ナンバー**）。鑑定書もしくはヴァイオリンに疑問があるときは、発行者に照会すれば情報をもらえます。住所などはレター・ヘッドに印刷されています。

⑨ 発行日

発行者に照会するときの一助になります。発行日が20〜30年以上も昔の場合、保存状態が変わっている例が多分にあり、たとえ "excellent condition" と記されていても、保存状態は入念にチェックする必要があります。稀に表板、裏板などが記載どおりのオリジナルではなくなってしまっているような例もあります（Ⅲ章（7）参照）。

⑩ 写真の確認

いくらデタラメなディーラーでも、貼付写真と違うヴァイオリンを売るわけにはいきませんから、貼ってある写真は購入したヴァイオリンと同じはずです。しかし、写真は貼り替えられますし、取り外しもできます。そのような不正を防止するために、写真には必ず発行者の割り印かサインがあります。写真に発行者の割り印もしくはサインがあるかどうか、必ず確認してください。割り印がない場合や、発行者でないサインや、ごちゃごちゃしたサインらしきものであれば、何か不正が行なわれているはずです。写真のサインは鑑定文にあるサインと同じですから確認は容易です。写真がはぎ取られることを防止するために

* photographs are attached（写真付き）

と記してある鑑定書もあります。このように記されているのに写真が貼付されていないときは、写真ははぎ取られたことになり、ヴァイオリンは偽物であると思ってよいでしょう。

(5) Exercise
インチキ鑑定書を実際に検索してみましょう

［例9］の鑑定書はあるディーラーが発行したものですが、偽ヴァイオリンを本物として高値で売る目的で発行されたこと、記載内容が全くデタラメで、騙しを目的として作られた分かり易い例なので、ここに取り上げてみました。皆さんと一緒に、どのようにデタラメなのかを徹底的に追求してみましょう。いろいろなことが分かります。以下、このインチキ鑑定書を「鑑定書」、偽ヴァイオリンを「ヴァイオリン」、発行人で売り手であるデタラメなディーラーを「ディーラー」と括弧でくくることにします。

本物として売却されてしまった「ヴァイオリン」は、「鑑定書」が発行された1995年、イギリスのオークションに出品されたもので、カタログには、〔**Follower of Giuseppe Ceruti**

例9　デタラメな鑑定書

II　鑑定書について

会社名
_____

certificate No. _____　　　　instrument No. _____

We certify that the ___ violin _____

in the possession of ___ Mr. _____

a)
was made in our opinion by ___ Giuseppe Ceruti, Cremona ca.1850 ___

_____

b)
Description ___ The two piece quarter cut back is of medium grain
c)
___ maple with medium flame; The ribs and scroll are of almost
d)   e)
___ similar. The table is of wide grained spruce. The varnish is
f)
___ orange red in colour on a yellow ground. This is a model of
g)
___ Guadanini, and in a very good condition.

_____

_____

_____

_____

_____

_____

h)
MEASURMENTS

Length ___ 361.0 mm ___

Width U.B. ___ 170.0 mm ___

Width M.B. ___ 113.5 mm ___

Width L.B. ___ 210.0 mm ___

Weight(bow) _____

i)　写真あり

サインあり

12th January 1995

（ジュゼッペ・チェルーティ、以下G.C.と略）〕として紹介されていました。I章（3）－⑥を思い出してください。Follower of ～はG.C.をモデルとしてG.C.の国籍、イタリア以外のメーカーによって作られたヴァイオリンを意味しますから、真正のG.C.の作品であるとオークショナーは言っておりません。本物ではありませんからエスティメイションも安く、£2,500～£3,500でした。「ヴァイオリン」はモダン・ジャーマンであって、G.C.のラベルが貼ってあるに過ぎない代物ですし、本物であればエスティメイションは£30,000～£40,000になります。この「ヴァイオリン」は「ディーラー」自身が日本円にして約56万円のハンマー・プライスで落札しました。ハンマー・プライスに諸チャージを加えると原価は70万円近くになってしまい、せいぜい100万円でしか売れないこの種の「ヴァイオリン」の相場としてはかなり高い落札価格になりました。それでも「ディーラー」が落札したのは本物のG.C.として高く売りつけようという意図を初めから持っていたのでしょう。

　結局「ディーラー」は〔例9〕の「鑑定書」を発行し、本物のジュゼッペ・チェルーティの出物ということにして、およそ500万円で、あるヴァイオリニストに売りつけてしまいました。当時1,000万円はするG.C.を500万円で購入できれば、こんなに嬉しいことはありません。その後いくら調整しても音が良くならないことから、件のヴァイオリニストが他のディーラーの所に持っていった時点で、「ディーラー」の詐欺行為が発覚しました。

　例のごとく「私は本物だと思っているのだから問題はない」と「ディーラー」は強弁し、すったもんだしたようですが、幸いオークション・カタログに「ヴァイオリン」の写真が掲載されていたことから、とうとう「ディーラー」は観念し、返品、返金に応じた、というのがこの「鑑定書」事件の顛末だったようです。

　何かに化けるかもしれない、しかも安値で落札できるこの種のヴァイオリンばかりを毎度落札し続ける札付きの「ディーラー」が、よりによって大手ディーラーと言われているようでは情けない限りです。

A. プラクティスに入る前に、実物の「ヴァイオリン」から得られた正しい情報を知っておきましょう。

① 作者、国籍

　G.C.の父であるG.B. Ceruti（基礎編Ⅶ章「ヴァイオリンの系列」（1）参照）のモデルですが、作者は不明。ラベルがG.C.になっていますから、したがってオークショナーはFollower of G.C.の範囲に入れました。しかし、ベルリン・スクールに帰属するモダン・ジャーマンであるというところまでは判明していたようですが、セリ人も商売人ですから、"Follower of"とわざわざ書いて購買意欲をそそっています。

② 製作年代

1890〜1900年。（G.C.は1787〜1860のクレモナのメーカー）。

③ 貼付ラベル

誰かが貼り替えた「悪意のラベル」。

> Joseph Ceruti filius Joannis (sic) Bap***
> Cremonensis fecit anno 1859 G.C.

④ 裏板

クォーター・カットの2枚甲の楓。ジョイントから少し上方に向かっている中幅のフレーム。

⑤ 横板とヘッド

裏板と同じ材料。

⑥ 表板

2枚甲のスプルースで、ジョイント部分は中幅、外縁にいくにしたがって幅広になるグレイン。

⑦ ニスの色

light Orange－Brown（薄いオレンジ－ブラウン色）。

⑧ サイズ

BL360mm　UB171mm　MB114mm　LB208mm。

B．プラクティス１.

「鑑定書」の内容と、「ヴァイオリン」から得られた前記A①〜⑧の正しい情報とを比較して、整合性があるかどうか（当該ヴァイオリンかどうか）を確認してみる。

真贋が分からなくても、このケースの場合、発行人が直接「ヴァイオリン」を売却していますから、整合性がなければヴァイオリンは偽物と断定しても差し支えありません。つ

まり、皆さんでも真贋の判断がつくわけです。

　では「ディーラー」の意図する次の二点を念頭に置いて、［例9］に表示したａ）〜ｉ）までの検索に入りましょう。一つは騙しを目的として発行したこと。もう一つは売却後「偽物ではないか」とのクレームが付いた時に「そのヴァイオリンに対して発行したものでない」とか「売ったヴァイオリンは別のもので、クレームを付けた人が嘘をついている」とか「写真は別物に貼り替えられている」とかの言い逃れができるような書き方をしていること。

a）by Giuseppe Ceruti, Cremona ca 1850

　byのところまで印刷されています。Ⅰ章（3）−①で述べたように、byは作者名が判明しているときに使われる前置詞で、byのあとには作者名が続きます。byまで印刷してあるということは、つまり、どのようなヴァイオリンであっても「本物の誰々の作品である」と言ってしまえ、といういい加減な意図が如実に現われています。アイデンティフィケイションはⅠ章（3）−①〜⑨まであるわけですから、byを印刷してしまえば、文章の流れに支障をきたす場合の方が多くなってしまいます。初期のヒルやウルリツァーの鑑定書にはbyが印刷されていましたが、彼らもbyの印刷はやめました。現在発行されている一流鑑定書にbyの印刷はほとんどありません。

　極めて異例なことに、貼付されているラベルについて何の記載もありません。記載すべき義務がある最も大切な箇所の一つを省いてありますから、この一点からも「鑑定書」は正当なものではないことが分かります。

　「鑑定書」ではby G.C.ですからG.C.の真作であり、クレモナで1850年頃作られたと言っています。「ヴァイオリン」の実際の製作年代は1890〜1900年です（Ａ−②）。貼付ラベルに1859年製と書いてあるのに「ディーラー」はわざわざca1850年製としてあります。私はヴァイオリンのプロですから正確な年代も分かるのですよ、とちょっぴり見栄を張り、かっこうつけたつもりなのでしょう。一流鑑定書であれば、（4）−③で述べたように、さらりと1859と書いてしまうはずです。

　騙すことを目的としていますから、正しい年代などに関係なくG.C.の死亡した1860年以前の年代にしておけばそれで良し、というのが「ディーラー」の心情でしょう。「ヴァイオリン」はG.C.の死後40年も経ってから作られているという事実は、この手の「ディーラー」にとってはどうでもよいことなのです。念のため、一流ディーラーは±10年の誤差内でヴァイオリンの年代を特定できます。

b）The two piece quarter cut back is of medium grain maple with medium flame.

　まず単語の間違い。two piece → two pieces、flame → flamesですよね。

文法上の間違いはないとしても、何か変な英文です。クォーター・カットですから「木目（フレーム）がミディアム幅」はいいのですが、「medium grain」、つまりミディアム幅のグレインは実物のどこにも見当たりません（A－④）。グレインは表板の木目に使用される言葉であることは皆さんも先刻承知のはずです。確かに楓にもグレインは存在しますが、スプルースとは違い、非常に細い上に不規則で、表現のしようがありません。何のためにgrainと書いてあるのか意味は不明です。

　この文を直訳すると、「2枚甲のクォーター・カットの裏板はミディアム幅の木目からなるミディアム幅のグレインをもった楓です」となります。

　（4）－④－b）（47p）を思い出してください。楓、2枚甲、クォーター・カット、ミディアム、フレームは記載されていますが、肝心の木目の方向を書いてありません。これではどのような外観の裏板なのかさっぱり見えてきません。結局この文章から、裏板の特定はできないことになります。言い換えますと、発行者は逃げ道を作っているとも言えますね。「ヴァイオリン」の裏板の正しい書き方は、例えば次のようになります。

The back is cut on the quarter from two pieces of maple with medium flames ascending slightly from the joint.

c）**The ribs and scroll are of almost similar.**

　尻切れトンボの変な英語です。

　訳せば「横板とスクロールはほとんど似ている」。何が似ているのでしょうか。どのような木目なのか何も書いてありません。これも言い逃れができる表現です。（4）－④－c）、A－⑤（53p）を参照。通常、横板とスクロールとは裏板と同じ材料を使いますから、正しい表現は、例えば次のようになります。

The ribs and scroll are similar to that of the back.

d）**The table is of wide grained spruce.**

　訳せば「表板は幅広木目のスプルースである」。（4）－④－a）、A－⑥参照。材料、木目の幅の2点しか書いてありません。1枚甲なのか2枚甲なのか、木目幅はイーブンなのか、外縁に向かってどのようになっているのかなどの記載がありませんから、裏板同様、どのような外観の表板なのかさっぱり見えてきません。やはり言い逃れできるような表現になっています。例えば正しい表現は次のようになります。

Two pieces spruce is of medium grain at the center opening toward the flanks.

e）**The varnish is orange red in colour on a yellow ground.**

　isのあとにofを入れるべき。文章は正しいのですが、内容に決定的なインチキがありまし

た。A−⑦のとおり、当ヴァイオリンの色はlight orange-brownで、red（赤）のレの字もありません。（4）−④−ｃ）参照。全く違う色を記載しているのですからあきれます。この一点をもって「ディーラー」は堂々と言い逃れができます。

ｆ）This is a model of Guadanini.

　まずスペルの間違い。Guadanini → Guadagnniですよね。うがって見ればGuadagnniではありませんから言い逃れができます。ちなみに「Guadanini」というメーカーは存在しません。G.C.の作品は、父であるG.B. Cerutiの作風を踏襲していますから、グァダニーニのパターンはあり得ませんし、当ヴァイオリンにグァダニーニの特徴の片鱗すらありません。（**基礎編Ⅵ章（2）「モダン・イタリアン・ヴァイオリン」**参照。）グァダニーニという有名な名前を書き足すことによって、エンド・ユーザーの心を少しでも動かそうという巧みな意図がうかがえます。グァダニーニのモデルではありませんから、やはり言い逃れができます。

　一流鑑定書では、例えば次のように表現します。

modeled after G.B.Guadagnini.

ｇ）and in a very good condition

　保存状態が非常に良いと言いたいのでしょうが、「ヴァイオリン」の表板には割れ傷が3ヵ所あります。これをvery goodというのか、はたまた何も言わないのかは見解の相違ということで済まされるかもしれませんが、一流鑑定書であれば"very"は書かないでしょう。

　「condition」という言葉はまれに一流鑑定書にも見受けられますが、記載事項が多過ぎて文字をはしょりたい時のみ用いているようです。一般的にはstate of preservationと書くのが習いになっています。

　「鑑定書」ではconditionのあと、7行分も空欄が続きますから、単に言葉を知らないというよりは「フィッテング状態が非常に良い」とか「修理が完璧である」を意味するつもりでvery goodと書いたのかもしれません。

ｈ）サイズ

　「鑑定書」に書いてあるサイズはBL361mm　UB170mm　MB113.5mm　LB210mm。

　「ヴァイオリン」の本当のサイズはBL360mm　UB171mm　MB114mm　LB208mmです。1ヵ所も一致していません。プラス、マイナスがありますからメジャーによる誤差でもありません。クレームから逃れるために偽りのサイズを記載してあるとしか言いようがありません。

ⅰ）**写真** が貼付されており、割り印のようなことをしてありますが、何かはっきりしていません。しかし写真と「ヴァイオリン」とは一致しています。ところで、既にお分かりのように、文章によって表現された外観と写真の「ヴァイオリン」とは全く別物と言ってよいほどですから、偽物ではないかとのクレームがあっても、「ディーラー」は自分のごまかしを逆手に取り、クレームをつけた人が勝手に貼り替えてしまったもので、私の売ったヴァイオリンとは違う、と言い逃れできるようになっています。

　以上ですが、ことごとくデタラメなのがよくお分かりいただけたと思います。実物と一致しているのは、いつでも貼り替えられる要素を持っている写真のみです。購入したヴァイオリニストは、恐らく写真が貼付されていたので安心されたのだと思いますが、ところがどっこい、ちゃんと陥穽が待ち受けていました。

　最も大切なDescriptionとサイズのすべてが一致していませんから、真正のG.C.の作風など全く知らなくとも、購入時に「鑑定書」をしっかり検索していれば矛盾に気が付き、偽物をつかまされずに済んだことでしょう。

C．プラクティス2
「鑑定書」の内容のみから、そこにある欺瞞、問題点を発見する（実物は不要）。

　G.C.そのものについて詳しい知識を持っていれば手っ取り早く真贋が分かるわけですが、G.C.について詳細な知識を持ち合わせている人間は、ディーラーの中にすらめったにお目にかかれません。

　しかし「鑑定書」では「Giuseppe Cerutiが1850年頃クレモナで作ったヴァイオリン」であると断定しています。言い換えますと「ヴァイオリン」は、［1850年頃イタリアのクレモナで作られた］ヴァイオリンには違いはありませんから、「これが事実であれば」という前提をおいて「鑑定書」の内容を検討し、矛盾点、知識の錯綜などがあれば、デタラメな鑑定書の烙印を押してよいことになります。したがってヴァイオリンも偽物になります。

　例えば拙著の"基礎編"をしっかり読んでおいてくだされば、皆さんでも容易に問題点は発見できるのです。

　ではプラクティスに入りましょう。

① 全体を通じて極めてお粗末な英文です。この程度のインテリジェンスの人間に、通常はヴァイオリンの鑑定はできません。本来はこの英文だけでターミネートです。

②　B－e）で、地色は「黄色」と言っています。

　　基礎編p.33をご覧ください。1850年頃のイタリア、しかもクレモナのヴァイオリンで
あれば地色は透明色、もしくは黄金色のはずです。そしてチェルーティ・ファミリーの
地色はすべて透明、あるいは黄金色であることを我々は知っています。地色が黄色であ
るということは、G.C.の作品ではないことを意味します。

③　B－f）で、「ヴァイオリン」はグァダニーニ・モデルであると言っています。

　　基礎編p.91、p.82をご覧ください。G.C.の父であるG.B.Cerutiはクレモナ・スクールに
帰属するメーカーで、ストラディヴァリ、グァルネリ、グランド・アマーティを規範と
したメーカーです。G.C.は父親のG.B.Ceruti、もしくはLorenzo Storioniの系列に入るメー
カーですから、グァダニーニ・モデルの作品は一本たりとも存在しません。グァダニー
ニ・モデルであればG.C.でないことになります。実際「ヴァイオリン」はG.B.Cerutiのパ
ターンなのですから、グァダニーニ・モデルなどと書かずにストラディヴァリ・モデル
とでもしておけば、もう少しはましだったかもしれません。

④　B－h）で、BLは361mmになっています。

　　基礎編p.20、p.139（6）をご覧ください。ほとんどの銘器はBL351〜357mmの間にあり、
19世紀初頭以前のイタリアの銘器の平均は353mm前後です。チェルーティ・ファミリー
の作品はG.B.Cerutiの353〜357mmを習いとしています。361mmというBLは、イタリア・
ヴァイオリンの銘器の中ではロング・ストラド（基礎編p.19）しかないと言ってもよい
でしょう。モダン・ヴァイオリンで360mm前後のサイズはロング・ストラドを真似たフ
ランス製、ドイツ製に最も多いサイズです。

　　BLが361mmであればG.C.の作品ではないし、イタリア・ヴァイオリンの銘器でもない
と言い切れます。

⑤基礎編p.20をご覧ください。グァダニーニ・モデルであればBLは356mm（14inch）未満
でなくてはいけません。BL361mmのグァダニーニは存在しません。

　　［1850年頃イタリアのクレモナで作られた］、［Giuseppe Ceruti］、ヴァイオリンにはあり
得ないことが4点もありました。したがって「鑑定書」はインチキであり、ヴァイオリンに
も偽物の烙印を押してよいという結論になります。

（6）鑑定書の総括

　私共の調査したところでは、既存の鑑定書発行者は約200で、そのうちディーラー、メーカー・ディーラーが約90％を占めています。むろんこの200は継続的にそれを業務として発行した、もしくはしている業者に限定した数で、発行数の少ないところ、単発的な発行者は入れてありません。推測ですが、少なくとも300通、多いところでは10,000通以上も発行をしており、存在する鑑定書の数はかなりなものになりますが、玉石混淆が実体であることは既にお分かりいただけたと思います。100年以上にも亘って活躍したロンドンの W. E. Hill & Sons の鑑定書数が一番多いのは自明の理というところでしょう。

　世界的に有名な一流鑑定書を、この項の最後に紹介しておきます。ただし、すべてを網羅してはおりません。

　製作者自身が自作であることを証明している証明書、**オーサー・サーティフィキット**（Author Certificate）が全く別の範疇として存在しています。モダン・メーカー、特に最近のコンテムポラリー・メーカーが発行しているもので、最も間違いのない鑑定書の部類に入るべきものです。ところが、オーサー・サーティフィキット付きなのに、「これが本当の自作なのか」と思わず疑念を抱いてしまうような作品にしばしばめぐり会うことがあります。有名になると大量生産に走り、弟子をたくさん抱えて作らせたものや、工場で作らせたものを自作のマスター・メードとして平気で販売するコンテムポラリー・メーカーが少なからずいます。たとえオーサー・サーティフィキットがあっても、そのような作品は正当な評価を得られませんから、購入には細心の注意を払ってください。

Ａ．ヴァイオリン族に関わる鑑定書の総括

① 鑑定書はすべて私文書であり、公文書ではない。

② 一流鑑定書であっても、鑑定書は「箱書き」に相当するもので、学術的証明は一切なされていない。

③ 鑑定書は誰もが発行できる類のものである。何の資格も必要としないし、皆さんが発行してもそれは鑑定書である。

④ 鑑定書には信頼の置ける「一流鑑定書」もあれば、「全くデタラメな鑑定書」もある。信頼の置けない鑑定書はたくさん存在する。

⑤ 鑑定書そのものに価値があるわけではなく、発行者、売り手の信頼度がそのヴァイオリンの価値を左右する。

⑥ ディーラー、メーカー・ディーラーが鑑定書の主たる発行人であり、公な鑑定人という存在はない。

⑦ 鑑定書の書式は千差万別であるが、少なくとも当該ヴァイオリンであるかどうかが分かる内容でなくては正当なものとは言えない。

⑧ レベルの低い鑑定書付きのヴァイオリンはほとんどが偽物であるが、一流ディーラーが添付したのであれば、信頼度の低い鑑定書であろうと、そのアイデンティフィケイションに関しては正しかったと言えるし、通用もする。

⑨ 鑑定書の付いていない銘器、銘弓はたくさん存在する。

⑩ 鑑定書など無くても本物は本物、銘器は銘器であり、たとえ鑑定書があっても偽物は偽物、駄作は駄作である。

⑪ 鑑定書があろうが無かろうが、ヴァイオリンは一流ディーラー、信頼の置けるディーラーから購入すべきである。

⑫ 一流鑑定書があれば、売買はより有利に運ぶ。

⑬ 鑑定書を受け取ったらその場で内容をチェックし、当該ヴァイオリンであることを必ず確認する。疑問があったらただちに売り手に問い質すこと。間を置かないことが重要。

⑭ ⑬で外国語に堪能でない人は、売り手に邦訳を依頼すること。知ったかぶりは損をする。

⑮ 作者名、ディスクリプション、サイズ、保存状態が重要なチェック・ポイント。

⑯ 写真が添付されていない一流鑑定書はたくさん存在する。写真の有無を問題にする必要

はない。

⑰ 鑑定書の有無は値段には反映しない。あっても無くても値段は一緒。

⑱ 一流鑑定書付きのヴァイオリンに出物は少ない。

⑲ 記載されている所有者が有名人であれば、値段にはプレミアムが付く。

⑳ 売り手が発行したのであれば鑑定書は無料。

㉑ アイデンティフィケイションのみを依頼したのであれば5万円前後以内、鑑定書の発行を依頼した場合は楽器の相場の5％、もしくは下限で6万円、上限で300万円位が一流ディーラーの鑑定書料。

㉒ 鑑定書の再発行は断られる場合が多い。大切に保管すること。

㉓ 鑑定書付きを前提とするような買い手は、偽物をつかまされる危険に常に曝されている。ヴァイオリンそのものが主人公であることを絶対に忘れてはならない。

B．W. E. Hill & Sons, Ifshin Violins, Jacques Français の鑑定書は、既に紹介しました。
　　ここで有名な一流鑑定書をもう少し紹介しておきます。

Charles Gaillard 1860年　写真付き

Gilles Chancereul　の鑑定書(表紙)。　2015年発行。

例10　John & Arthur Beare (Charles Beare)の鑑定書。
　　　1985年発行。A.Stradivari 1721　写真無し

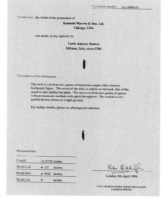

例11　Peter Biddulphの鑑定書。1994年発行。
　　　C.A.Testore ca 1760　写真の割印に注目

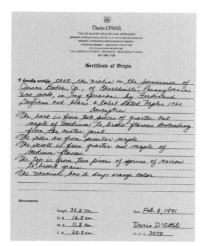

例12　Giacomo & Leandro Bisiachの鑑定書。1972年発行。
　　　Leandro Bisiach 1944
　　　オーサー・サーティフィキットの一例。写真無し

例13　Dario D'attiliの鑑定書。1991年発行。
　　　Ferdinand Gagliano 1740　写真無し

例14　Hamma & Co.の鑑定書。1965年発行。
　　　A. Stradivari 1726　写真付き

II 鑑定書について

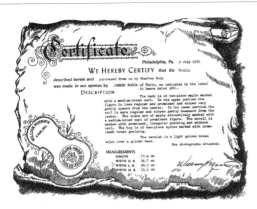

例16　Max Möller & Zoonの鑑定書。1984年発行。
　　　Lorenzo Storioni 1784　写真無し

例15　William Moennig & Sons, Inc.の鑑定書。
　　　1970年発行。G.Rocca 1861　写真付き

例17　Silvestre & Maucotelの鑑定書。1930年発行。
　　　Mattia Popella 1707　写真無し

例18　Etienne Vatelotの鑑定書。1997年発行。
　　　Hannibal Fagnola 1927　写真付き

例19　Rembert Wurlitzer Inc.の鑑定書。1973年発行。
　　　弓の鑑定書。Nicolas Maire ca 1850

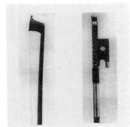

例20　Rudolph Wurlitzer Inc.の鑑定書。1935年発行。
　　　Violaの鑑定書。Michele Deconet　1780年　写真付き

63

Ｃ．一流鑑定書の一部（ＡＢＣ順）

国籍
- Us → America （アメリカ）
- F → France （フランス）
- G → Germany （ドイツ系）
- E → England （イギリス）
- I → Italy （イタリー）
- C → Canada （カナダ）
- D → Denmark （デンマーク）
- S → Swiss （スイス）
- H → Holland （オランダ）

リマーク
- m → violin maker
- d → ディーラー
- m/d → メーカーでディーラー
- bm → bow maker
- （ ）内はそれが専門の鑑定書

表1

発行者名	国籍	X→死亡or廃業 ?→Xかはっきりしない	リマーク
John & Arthur Beare (Charles Beare)	E		d
Bein & Fushi inc.	Us		d
Peter Biddulph	E		d
Frederic et Serge Boyer	F		d
Giacomo & Leandro Bisiach	I	X	m/d
Leandro Bisiach	I	X	m/d
Eric Blot	I		m（モダンイタリー）
Caressa & Français	F	X	m/d
Chardon & Fils	F	X	m/d
Jacques Camurat	F		m/d
Paul Childs	Us		d（弓）
Dario D' Attili	Us	X	m/d
Philippe Dupuy	F	X	bm/d
Jacques Français	Us	X	d
Emile Français	F	X	m/d
Gael Français	Us		m/d
Robert Fritsh	F	X	m/d
Hamma & Co.	G	X	d
W.E.Hill & Sons	E	X	d
Emile Herrmann	Us	X	d
Hug & Co.	S		d
George Hart & Sons	E	X	d
Havivi Violins	Us		d

発行者名	国籍	X→死亡or廃業 ?→Xかはっきり しない	リマーク
Ifshin Violins	Us		m/d
Samuel Kolstein	Us		cm/d（コントラバス）
William Lewis & Sons	Us	X	d
Liivoja-Lorius Strings	C		d
Christophe Landon	Us		m/d
Andre Levi	F		m
William Moenning & Sons Inc.	Us		d
Max Möller & Zoon	H	X	d
Bernard Millant	F		bm/d
Jean-Jacques Millant	F	X	bm（弓）
Carl Möchler	S	X	d
Emile Pliverics & Sohn	G	?	d
Rene Quenoil	F	X	m
Mark R. Reindolf	Us	X	d（弓）
Reuning & Son	Us		m/d
Jean-François Raffin	F		bm（弓）
R&M Millant	F	X	m/d
Jean-Jacques Rampal	F		m/d
Silvestre & Maucotel	F	X	m/d
William Salchow	Us		bm/d
J. Bradlev Taylor	Us	X	d
Etienne Vatelot	F		d
Marcel Vatelot	F	X	m/d
Alfred Vidoudez	S	?	m/d
Rembert Wurlizer Inc.	Us	X	d
Kenneth Warren & Son	Us		d
Henry Werro	S	?	m/d
Hans Weisshaar & Son	Us		d
Rudolph Wurlitzer	Us	X	d
Gilles Chancereul	F		bm/d
Pierre Barthel	F		d

Chapter III

値段について

（1）相場

　ヴァイオリンの値段はあってないようなもの、とよく言われます。なにせ新作（コンテムポラリー）の同じメーカーの作品であっても、ディーラーたちの値付けに3倍もの違いがあれば、誰しも値段はいい加減であると思うのは当然でしょう。ここで値付けの高いディーラーは悪玉、安いディーラーは善玉というようなことを論ずるつもりはありません。個々のディーラーには個々の商法があり、いくら儲けようとそれは売り手の勝手で、問題にするようなことではないように思います。値段だけでディーラーの程度を測るのも早計だからです。

　たとえ新作であっても、生産者が小売価格を決めて出荷される極一部のヴァイオリン、例えば「**Suzuki Violin**」など一部メーカー以外のヴァイオリンには、普遍的な「定価」というものは存在しません。

　ヴァイオリンは骨董品として扱われる工芸品であるが故に、「定価はいくら」という言い方はかえって滑稽なものになってしまうのです。

　骨董の世界では保存状態は直接値段に関わる重要な要素ですし、加えてヴァイオリンには「音」の要素が関わりますから、誰々の作品だからいくら、などと単純に価格を固定できるような世界でもありません。更に銘器、銘器とまでは言わない程度のヴァイオリンにしても、値段は有史以来年々値上がりを続けており、値段の暴落はごく一部を除いて全く無いと言ってもよいほどなのです。作者名、出来不出来、音、年代、保存状態、履歴、将来性などが有機的に絡まって値段が形成されるわけで、車やピアノにあるような「定価」というものは、本来的に馴染まないのがヴァイオリンの世界であることを初めにご理解ください。ファクトリー・メードであろうが、マスター・メードであろうが、ディーラーの言う定価は、たとえプライス・リストなどがあったとしても、それは広く普遍的なものではなく、個々のディーラーの思惑によって付けられた「**希望小売価格**」であると思ってくださるのが一番分かり易いように思います。

　売り手は儲けたいし、買い手は値切りたいのが自然の心情です。ところで、儲けたい側のディーラー、メーカーの大半が裕福で奢侈な生活を送っているわけではないところからみると、やはりそこにはめちゃくちゃな値付けを抑制する何かが存在していることになります。我々はそれを「相場」と言っています。

　ヴァイオリンには、定価の代わりに相場というものが厳然と存在しているのです。ヴァイオリンの値段は、個々のヴァイオリン（作者名）が持つ相場によって動いていきます。

相場とはおよそかけ離れた高値を付ける売り手は、相場を知らないか、儲け過ぎと言われても仕方ありません。先程申しましたように、いくら儲けようとそれは各ディーラーの勝手なのですが、「相場より高過ぎる値段で売ることは愚かな商法」であることを一流ディーラーは知っています。そこに信用問題云々が生じるから、などという次元の低い理由で「愚かな商法」と言っているのではありません。

　①**買い手に損をさせず**　②**売り手も正当な利益を得られ**　③**世界市場においてよどみなく流通させられる値付け**こそ普遍的なものであり、その基準となるのが「相場」なのです。一流ディーラーと言われる人々は、この三点を念頭に置いて値段を決めて行きます。結果として、誰もが納得できる値段というものが世界中に行きわたり、抑制効果を発揮しているのです。

　絶大な信用のある一流ディーラーこそ、その気になれば大儲けできるはずなのに、なぜそのような行為に走らないのでしょうか。自分の職業に惜しみない愛情と努力を注ぎ、その永続性を願い、未来永劫自分の家族、はたまた隣人、お客様の繁栄を願うところに商売の神髄があるはずです。他の商品とは違い、ヴァイオリンは世の流行、廃りに全く関係ない所に存在する息の長い商品です。したがってこの商売こそすべからく親から子、子から孫へと引き継ぐべしで、その例に漏れないディーラーはたくさん存在しますし、そうであるがゆえに、一流ディーラーたり得ている例は引きも切りません。ロンドンの**ヒル商会**は初代のヨーゼフ・ヒルから数えて7代、240年間存続しましたし、コペンハーゲンの**ヨルト・ファミリー**は6代、200年間に亘り綿々とその商売は引き継がれています。つまりヴァイオリンの商売には永続性があり、10年、20年、30年、50年、という長いスパンで個々の銘器の売買を考え、コントロールできるメリットがあります。儲け過ぎず、いつでも手元に戻せる適性価格で売却することは、同じ一本のヴァイオリンで孫子の代まで何回もの商売ができることを可能にし、その都度利益を得られること、更に「良い音」の銘器がいずれ手元に戻るであろう還元率を考慮すれば、単発的な大儲けより遥かに大きな得を呼び込むことを、一流ディーラー達は知っているのです。

　売り手の利益を上乗せした売り値が、5〜6年後にはそのヴァイオリンのその時の市場原価になるような値付けが、上記①②③を満たす目安になります。なぜならヴァイオリンは必ず値上がりするからです。大儲けを目論み、10年後、20年後の相場で売りつけてしまえば、その売り手はもとより、他のディーラーも下取り、買い取りができないことになり、希少の銘器が市場に滞ることになりますし、適宜に市場で流通させるためには、結局買い手が泣きをみる他に術はなくなってしまいます。音の好みは移ろい易く、必ず飽きがくるのが人間です。いくら惚れたヴァイオリンでも、いずれ到来するであろう別離を想定すると、やはりヴァイオリンはその時点における相場か、なるべく安目に購入しておくべきものと思わざるを得ません。

ヴァイオリンには相場という定価に代わるものがあること、異端の値付けは大迷惑であること、がお分かりいただけたでしょうか。

（2）ヴァイオリンには「格」がある

絵描きと同じようにヴァイオリン製作者には格付けがあり、それはとりもなおさず値段に直結しています。オールド、モダン、新作（コンテムポラリー）、工房製、工場製共にすべてのヴァイオリンの格は、比較連鎖させて一本の直線上に捉えることができます。[表2]はストラド、デル・ジェスの作品を100点満点、彼らの平均的な値段を2億円とし、一番格下の新作工場製を1万円として他のヴァイオリンを比較し、国籍、作り、音、年代、知名度、製作数（多い程良い）などの視点から格付けを行なったものです。①〜⑱格まであります。古今東西すべてのヴァイオリンの格をこの直線上にプロットすることにより、自ずから値段が決まってくるのです。格が分かっていれば、その作り、年代、スクールなどから、たとえ作者が判明しなくとも、そのヴァイオリンの値段にはおよその見当は付けられます。また、同格のヴァイオリンは同格の相場のうちにありますから、一人の作者のその年の相場が分かれば、その他の同格のヴァイオリンも同様に値上がっていると判断してよいことになります。

初め、ヴァイオリンは、音が良いことからその作者が有名になり、希求数が増加してプレミアムが付き、値段が高騰していくのですが、一旦名前が出てしまうと「名前」が独り歩きし、値段が後を追うことになります。この時点で製作者の格が決まり、後は市場の流れに添って値上がっていくのみです。以後、音が悪かろうと駄作であろうと、相場はそのメーカーの格で決められることになり、決して安くはならないのが値段の世界です。

[表3]は四つの基本パターン（基礎編 p.24）に則って作られたヴァイオリンを対象に「年代と作り」（両者共に音に関わる。年をとるほど音は良くなるし、作りのうまい方が音は良い）の値段への関わり方を大雑把に表わしたものです。値段は①＞②≧③＞④の順になります。同じ技倆であれば、古い方が高く評価されます。しかし、モダン・ヴァイオリンは年々歳々古くなって行くわけで、あと20〜30年もすればシルバー・トーンを持ち合わせることになり、音量のある大多数のモダンの銘器は、近未来には作りの劣るオールドより格上になることは必至でしょう。実際モダンの銘器の値上がりはすさまじく、作りの劣るオールド・ヴァイオリンの値段はここ十数年停滞しています。

表2 ヴァイオリンの格

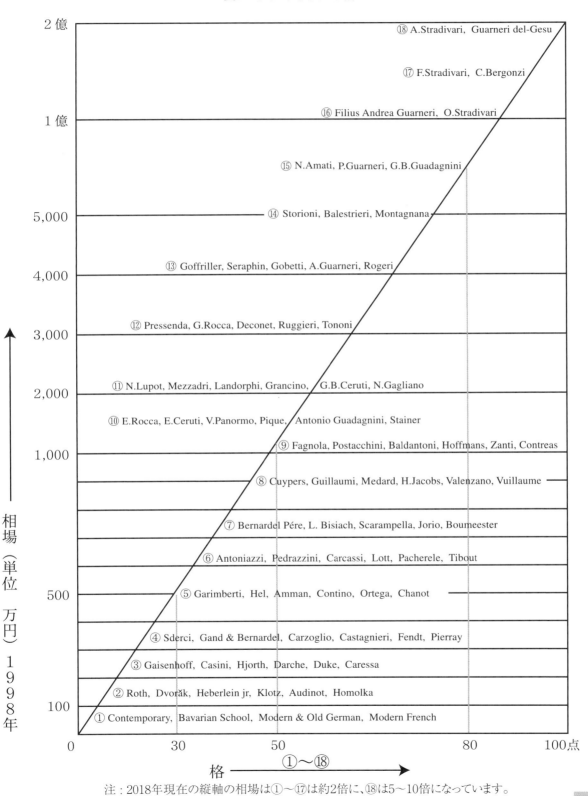

注：2018年現在の縦軸の相場は①〜⑰は約2倍に、⑱は5〜10倍になっています。

Ⅲ 値段について

　新作ヴァイオリンを格付けてみますと、いくら銘器であっても、300万円以上の値段は付けられません。もし150万〜300万円という予算があるのであれば、モダン＆オールド・フレンチ、モダン・イタリアン、モダン＆オールド・イングリッシュ、モダン＆オールド・ジャーマン、モダン＆オールド・ローカントリーズ、モダン・アメリカン、モダン・ハンガリアンなど「先輩格の音の良い銘器」を手に入れるべきでしょう。新作に高いお金を払うのは愚かなことです。150万円以内であればむろん新作も考慮すべきですが、モダン・ジャーマン＆フレンチ、アメリカン＆ハンガリアンの中には素晴らしい銘器があることも知っておかなくてはいけません。新作イタリーにこだわる悪しき風潮は日本だけに見られる不思議な現象です。さすがに100万円以内であれば、最近の新作ヴァイオリンは、国籍に関わらず、オールド、モダンを凌いでいるようにも思われます。

表3　「年代と作り」の値段への関わり方

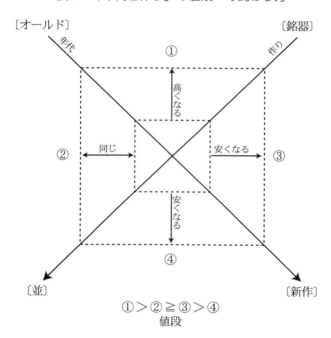

（3）値段はこうして決まる

　Ⅰ章で述べたように、相場の発振源はオークションにあります。ここから毎年毎年各ヴァイオリンの新しい値段が生まれます。欧米各地で毎年合計100回はオークションが開かれており、大概のヴァイオリンは一度は出品されてハンマー・プライスを知るところとなります。

　その年の各ヴァイオリンの相場は、前年における各ヴァイオリンのハンマー・プライスの平均値、もしくはトップ・プライスを基準にして決められます。以下、両者をひっくるめて「ハンマー・プライス」と括弧でくくりますが、例えば相場を知らない同士が、是が非でも欲しいということで大フィーバー・ビディングの結果生まれてしまう突出したオタッキー・トップ・プライスは対象にはなりません。

　「ハンマー・プライス」に10～20％上乗せした価格を「**市場原価**」と言い、業者間の卸値に相当します。市場原価に20～30％の利益を加えたものを「**市場価格**」と言い、これが「相場」になります。そして「**相場**」の±20％内の値付けが次の年におけるそのヴァイオリンの正統な値段ということになります。±20％というのは、音がより良ければ20％高くとも納得してもらえるし、見掛けや出来が悪ければ20％安くせざると得ない、などというように個体に差がありますから、値幅を持たせることは必要で、それが±20％の範疇であれば決して相場を壊さないことから生まれた数値です。

　例えば1998年のGaetano Sgarabotto（1878～1959、Parma）の「ハンマー・プライス」は460万円でしたから相場は約600万円、したがって500～700万円が1999年の正統な売り値ということになります。

　このような値付けは無論一流ディーラーたちが行なっているわけで、一流ディーラー達の売却値を、その他の一流たらんとするディーラー達が追随しているのが現状です。言い換えますと、実際の相場は一流ディーラー達によってコントロールされているとも言えるのです。保存状態が悪かったり、音が極端に悪かったりする時は、相場などを考えるに値しません。同格であれば相場は同じように推移しますから、「ハンマー・プライス」を知り得なかったヴァイオリンでも、新しい値段は決定できます。

　格付けを知らない一般人の参入が多々あり、銘器のハンマー・プライスは、ディーラーから見ると異常な高値になるケースが増えている昨今です。したがって最近ではほとんどの一流ディーラーは銘器の仕入れをオークションに頼ることはしません。

（4）銘器に値下がりはない

　マスター・ヴァイオリン族、弓は年々歳々値上がりしており、値が下がったことが一度もない極めて優良な骨董品です。欧米には絵画と同じようにヴァイオリンをコレクションし、値上がりを待つ投資家がたくさんいることからも、その辺の事情は充分に窺えます。唯一値下がった例としてヤコプ・シュタイナーの名が挙げられます。ストラディヴァリの時代にはストラド、デル・ジェスの3倍はしていたわけですから、現在にあれば3〜6億円してもおかしくないはずですが、19世紀初頭から値下がり始め、ここ10年位は1500万円前後の相場で安定してしまいました。

　[表5] をご覧ください。アントニオ・ストラディヴァリの値段の推移をグラフにしたもので、東京工業大学名誉教授、小田幸康先生が調査、作成してくださったものです。ストラディヴァリの値上がり具合は対数グラフにしなくては追いつけないことがよく分かります。昔からストラディヴァリは我々一般庶民の手が届かない所にいるのですが、ここ30年来の急激な値上がりは「ストラディヴァリよ、さようなら」と慨嘆せざるを得ないほどになってしまいました。

　私共が約40年前に売ったヴァイオリン、弓の売り値と、現在の相場とを比較してみましょう [表4]。

　40年で5〜10倍の値上がりをしているのが分かります。特にモダン・イタリアン・ヴァイオリンの銘器がことごとく10倍以上の値上がりをしていることは留意すべき点です。

表4

	1970年頃	2015年
E. H. Roth (1877~1948, G)	30万	150万 〜 180万
E. Sartory (1871~1946, F, 弓)	50万	300万 〜 400万
Pierre Hel (1842~1902, F)	80万	500万 〜 600万
D. Peccatte (1810~1874, F, 弓)	80万	800万 〜1200万
Hannibale Fagnola (1865~1939, I)	90万	1200万 〜1600万
John F. Lott (1805~1871, E)	100万	600万前後
F. Tourte (1750~1835, F, 弓)	100万	1500万前後
Enrico Rocca (1847~1915, I)	150万	1800万 〜 2200万
Bernardel Pére (1798~1870, F)	150万	900万前後
Mattias Hoffmans (17世紀,ベルギー)	230万	1000万前後
J. B. Vuillaume (1798~1875, F)	300万	1500万 〜 2500万
G. B. Pressenda (1777~1854, I)	300万	4000万 〜 5000万
Nicola Gagliano (1675~1763, I)	400万	4000万前後
P. Guarneri (1655~1720, I)	800万	1.5億前後
A. Stradivari (1698)	3000万	5億〜15億

表5 アントニオ・ストラディヴァリの値段の推移

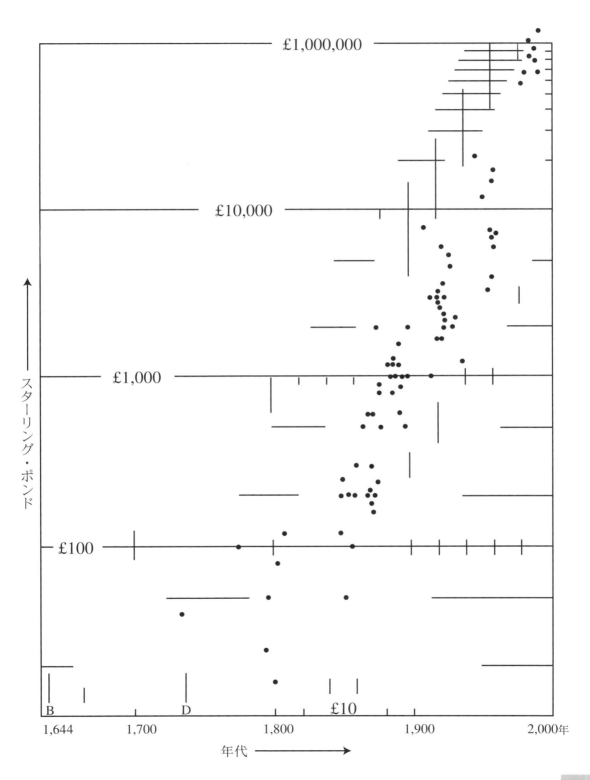

Ⅲ 値段について

（5）工場製、工房製、マスター・メードの意味合いと値段

　基礎編P.102 Ⅶ章ヴァイオリンの系列（2）ドイツ系で、ヴァイオリンをファクトリー・メードとマスター・メードとの二つに分類しました。これは大雑把な分け方で、両者の間には「工房製」というやっかいなヴァイオリンが存在します。値段のことをご理解いただく上で、工房製ヴァイオリンを避けては通れません。すべてのヴァイオリンを以下三つのカテゴリーに分類することも可能です。この分類はご自分が購入する際のヒントに必ずなりますから、是非頭に入れておいてください。

①工場製（ファクトリー・メード）

　工場で機械などを使用し、大量に作られるヴァイオリン。骨董的価値は無い。**J.T.Lamy**がミルクールで生産を開始した1873年まで歴史は遡る。
a）、b）、二つの工法がある。

a）　プレス加工

　J.B.Vuillaumeのアイディアを**J.T.Lamy**が実践した大量生産法。一定の厚みに切り出した材料を蒸気で軟らかくし、型に押し込んで表板、裏板を作る方法。時間がたつと形が崩れ、音が悪くなる場合もある。ニスもコンプレッサーによる吹き付けがほとんど。分数ヴァイオリンに多い。ネック（含スクロール）は昔は手彫りだったが、現在はＮＣルーターで綺麗に作れるようになった。Suzuki Violinの一番格下のヴァイオリンはこの工法による。JTL、Bertholini、Dulsis Fortis、Medio-fino、Compagnon、Breton、Coutriuxなどのラベルのモダン・ヴァイオリンは、1900年前後にフランスで大量に作られたストラド・モデルの**プレス・ヴァイオリン**。

b）　半手工

　機械で材料を荒削りし、最終的に人手によって仕上げる工法。ドイツで発展した。25年程前にコンピューター制御による**ＮＣルーター**が開発され、人手をほとんど必要としないところまでアーチ、厚みを削り出せることになり、大規模工場による大量生産が可能になった。ドイツ、日本、韓国、中国、ハンガリー、チェコなどで生産される新作スチューデント・ヴァイオリンの大半はこの工法による。Suzuki Violinの中級品もしかり。プレス・ヴァイオリンとは違い、マスター・メードと同じように削り出して作ることから形が崩れることはなく、年月を経れば音は良くなっていく。ニスは吹き付けもあれば手塗りもある。ラベルには創作名が多く、例えば「Kirschnek」、「Paulus」、「Sarasate」、

「Fiume Bianca」、「Pygmalius」、「Carmen」などが日本では有名。大半がストラド・モデル。

②工房製（アトリエ製）

マスター・メードとまでは言わないまでも、手製であることには違いないヴァイオリン。骨董的価値を有するものもあれば、無いものもある。レベルの低いものから、銘器の部類に入る作品まで存在する。そしてそれぞれがどこの工房製か特定できるだけの特徴を持つ。2種類に分けられる。

a) 寄せ木細工法

17世紀後半、**ドイツ系ギルド**では分業による手工業的大量生産が始まり、19世紀中頃まで生産は続いた。これらのヴァイオリンはマスター・メードと言うには難があるとはいえ、手工品であることに違いはない。骨董的価値は期待できない作品が多い。機械削りが始まるまで行なわれたもので、ネック、表板、裏板横板、組立て、ニス、フィッティングと各部位をそれぞれ専門の職人が担当して、各自宅や工房で作る方法。各ギルドの長の名前をラベルにしたヴァイオリンが多い。例えば**Neuner & Hornsteiner**、Baader、Hopf、Schweitzer、Lowendall、Alfred Moritz、Kreuzinger、Wolf Brothers、Lippoldなど。公社を設立し、そこが窓口となりヴァイオリンを販売するという形態をとった町が多い。1677年に創立されたマルクノイキルヘンの「**Migma社**」は有名。現在はマスター・メードのみを取り扱うドイツ最大の公社になっている。

b) 準マスター・メード

通常、工房製とはこちらのことを言い、骨董的価値を有するものも多い。19世紀後半からヴァイオリン人口は増加し、マスター・ヴァイオリンだけでは音の良いヴァイオリンをまかないきれない事態が生じ、輸出まで考えると、質の高いスチューデント・ヴァイオリンの製作、販売はお金になるグッド・ビジネスになった。そのような目的で、師匠たる有名なメーカーが自分のアトリエで、もしくは他にそのためのアトリエを構え、多数の職人を雇い、せっせと量産させたヴァイオリンが大半を占める。当然師匠のマスター・メードよりはるかに安い。弟子の習作や、ディーラーが企画し工房に依頼して作らせたものもこの範疇に入る。パターンは師匠と同じにする例が多いが、全く別のパターンを設計する場合もある。短期間になるべく大量に作る使命を帯びているから、要所要所は押さえながらも、最終仕上げ（**フィニッシュ**）はマスター・ワークより甘く、雑になっている。ラベルに製作を担当したメーカーの名前は一切載らない。師匠の名前にアトリエ製であることを明記したものや、創作名のもの（例えばフランスの**J.B.Colin**、イタリアの**Claudio Monteverde**）がほとんど。各メーカーによって工房製ヴァイオリン

のレベルは様々。例えばJ.B.Vuillaumeの工房製である**Sainte-Cecile**は例外とはいえ350万円もするし、スチューデント・ヴァイオリンと銘打った**Stentor**でも100万円はする立派な銘器である。Heberlein jr Atelier（70万円）、Emil Français Atelier（100万円）、Paul Blanchard Atelier（150万円）なども優れた工房製。下手なマスター・メードより優れた作品が多数存在する。

③マスター・メード

　一定のレベル以上のメーカーが個人で製作したもの。骨董的価値を有する。弟子に作らせたヴァイオリンを師匠が自作として販売した作品もこの範疇に入る。例えばアントニオ・ストラディヴァリにおけるカルロ・ベルゴンツィ、アンサルド・ポッジ（Ansaldo Poggi、1893〜1978 Bologna）におけるグイチアルディ（Giancarlo Guicciardi、1940〜）、ステファーノ・スカランペラ（Stefano Scarampella 1834〜1927 Mantova）におけるガエターノ・ガダ（Gaetano Gadda 1900〜1965）などは師匠と全く同じヴァイオリンを作れる技量を持っている。

　ヴァイオリンの価値は③≧②b）＞②a）＞①b）＞①a）の順になります。

　①a）は出来たての時が一番価値があり、年月が経つにつれて値は下がり、限りなくゼロに近づきます。ただし音の良い、古い分数ヴァイオリンは希少価値があり、1900年前後のミルクール製の作品で形の崩れていないものは、物価の上昇に比例するくらいの値上がりはしています。

　①b）は値上がりすることはありません。

　②a）の中で四つの基本パターンに則って作られたものは、少なくとも物価の上昇率に比例して値上がりはします。

　②b）にはマスター・メードとまではいかないまでも、それに近い値上がりをするものがたくさんあります。

　欧米では、①②をひっくるめて**トレード・ヴァイオリン**（Trade Violin）とも言っています。マスター・メードについては、**(1) (2) (3) (4)** で述べました。値段の目安は次のとおりです。

表6

	新作	モダン	オールド
①a)	5〜6万円以下	10〜50万円	存在せず
①b)	6〜35万円	ほとんど存在せず	存在せず
②a)	存在せず	30〜60万円	30〜100万円
②b)	30〜60万円	50〜150万円	ほとんど存在せず
③	40万円以上	100万円以上	150万円以上

（6）保存状態……「割れ傷」について

[Ⅱ章「鑑定書について」（4）-⑤参照]

　真贋は当たり前のことですが、同じメーカーの作品を比較した場合、保存状態が値段に与える影響は決定的なもので、音の良し悪しとは比ぶべくもありません。「相場」は無傷、もしくは良好な保存状態のヴァイオリンのみに与えられるもので、割れ傷（Crack）の多い作品ほど価値は下がり、値段は安くなります。

　「保存状態」の良し悪しは、広義のフィッティング（**基礎編Ⅱ章**）以外の部分、つまりヘッド及び本体そのものの　①割れ傷の数、程度、②ゆがみの程度、③老朽の程度、④オリジナル・ヴァーニッシュの残存具合、の4点から判断されます。②③④を見る眼には熟練を要します。ここでは皆さんでも判断でき、なおかつ最も影響の大きい「割れ傷」に絞って、価値への影響を説明しておきます。割れたままの状態、修理修復を終えた傷跡、共に「〜傷」と同じ言葉を使用しています。どちらであるかは文脈からご判断ください。

　表板の冬目はいかにも割れ易い、ひび割れを付け直したような外観をしています。急激な乾燥により表板に自然にひびが入る場合は、間違いなく冬目に添って割れが入り、少し強めの外力が加わると夏目の方にもひび割れが生じます。夏目のひび割れは、冬目の場合のように直線的にはならず、少し蛇行した割れ跡を残す確率が高くなり、傷跡は目立ちます。いずれにせよ表板のひび割れの大半は木目に添ってほぼ直線的に発生し、修理を容易にしています。落としたり踏み付けてしまったりした場合は、悲惨な結果が待ち受けています。魂柱やバスバーが表板に突き抜けたり、裏板横板が砕け散ったりし、正に複雑骨折の様相を呈します。いずれの場合も修復可能とはいえ「**パッチ**」（注1）を施さざるを得ない大手術になります。単純なひび割れは「**クリーツ**」（注2）［図1］で済みますが、魂柱が突き抜けたり、広い箇所に何本ものひび割れがまとめて発生したりしたような場合は、巨大パッチを必要とします。例えば「**ベル・パッチ**」［図2］は表板のほぼ4分の1の面積を占める巨大パッチです。

　（注1・パッチ：割れ傷の接着部が再びはずれないように、補強の意味で裏側に貼り込む木材。オリジナルの裏側表面を薄く削り取り、新しい木材をえぐった面にすり合わせて貼り込み、同一面に戻す作業。表板にはスプルースを、裏板には楓を使用する。）

　（注2・クリーツ：やはり補強の意味で傷の裏側に貼り付ける小木片。5〜6mm角の小木片を1〜2cm間隔で傷の長さ分点々と貼り付ける作業。）

　魂柱の当たる部分のひび割れは「**魂柱傷**」と言い、別の部分のひび割れとは区別しています。この部分の補強にクリーツは役に立たず「**魂柱パッチ**」［図3］を貼り込まざるを得

ないからです。魂柱からの圧力が常に加わっていること、クリーツは魂柱を立てる妨げになることが理由です。表板の魂柱傷を嫌う人々がいます。割れ傷の中では悪質なものとし、魂柱傷があるヴァイオリンの購入を控えさせる人々が昔はおりました。しかし、音には何ら影響を与えないこと、修理技術が飛躍的に向上したこと、補修の確率は単純なひび割れと同じであること、オールド・ヴァイオリンの銘器の大半は魂柱傷を持つことなどから、表板の魂柱傷は普通のひび割れに見なすことにするという不文律が確立され、現在はそれが世界の趨勢になっています。昔のように表板の魂柱傷で大騒ぎするような人々が少なくなったのは、大いに歓迎すべきことです。

　割れ傷そのものをニカワで接着した状態は、自然に成長した冬目と同じに見なせます。つまり、音の見地からすれば無傷の状態と変わらないことになります。しかし、パッチ、クリーツはどうしても必要な補強材です。割れ傷が多ければ多いほどパッチ、クリーツの数は多くなり、音に影響を与えないはずはないと思うのが当たり前なのに、そこは摩訶不思議な現象に富むヴァイオリンの世界です。実際にはセオリーどおり上手に修復されれば、裏側全面積の半分がパッチ、クリーツで埋め尽くされたとしても、本来の音が保持されているというお化けのような代物がヴァイオリンなのです。長い年月の間にあちこちに割れ、歪みが生じ、その都度新たなパッチが貼られたとしても、上手に仕事ができていれば音に与える影響はほとんど無いと言えることを、是非頭に入れておいてください。

　今までは主として表板に発生する傷について述べました。裏板、横板はどうでしょうか。楓はスプルースよりはるかに堅い木材で、スプルースにあるような割れ易いグレインは持ち合わせていません。したがって、自然のひび割れはほとんど発生せず、裏板横板の割れ傷は物理的な外力の結果によります。クォーター・カットの裏板をじっと見つめると、グレイン（フレームと直角の方向、つまり上下の方向にある極めて細い蛇行したライン）の存在が認められ、弱い外力であればこのグレインに添ってひび割れが生じます。この程度の割れはクリーツで補強できます。強い外力が加わると、割れ方に表板のような方向性はなく、あらゆる方向に向かってひび割れが生じますから、傷全体の面積が小さくても、パッチを貼り込むことになります。

　裏板でやっかいなのは魂柱傷です。ほんの1cmほどのひび割れが生じ、当然パッチを貼り込み綺麗に修復したとしても、再び口を開いてしまう確率は100％近くになります。楓は、スプルースのように柔軟性が無いこと、吸湿性に富んでいて伸縮率が大きいこと、に由来します。表板の魂柱傷とは違い、私共は裏板に魂柱傷のあるヴァイオリンは、余程の理由がない限り購入しません。そうでなくとも魂柱からの圧力の影響を避け得ないために、裏板の中央部に割れ傷のあるものも購入は控えるようにしています。パッチは貼ってありますから音への影響は無いものの、口が開いたまま放っておけば、ひび割れは延びていきま

図1

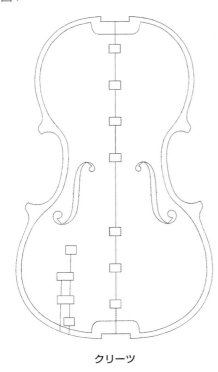

クリーツ

図2

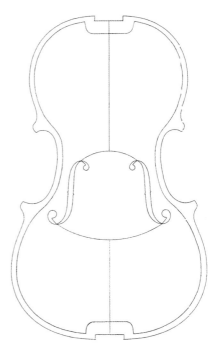

ベル・パッチ

図3

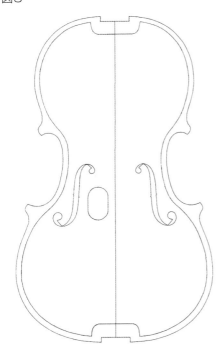

魂柱パッチ

Ⅲ 値段について

す。「古いパッチをはずして新しいパッチを付けて……」などの再補修を延々と繰り返すことなどまっぴらごめんのこんこんちきです。

横板の割れはクリーツの補強で足ります。横板は6枚に分解でき、破砕してしまってもその1箇所を新しく作ってしまえば良いわけで、そのような場合でも音、価値に影響は与えません。さすがに横板全部を取り替えたような場合、音に影響を与えなくとも、価値はかなり下がります。

ヘッドはオリジナルであるかどうかのみを求められる所です。どのような割れ傷があろうと、綺麗に直ってさえいれば価値は存続します。

「全面パッチ」を施すような大破砕は例外としても、音にさしたる影響を与えず、外観上新品同様に修復できてしまうのなら、割れ傷は値段に影響しなくても良いのではと思われる方がいらっしゃるはずです。ところがどっこいそうはいかないのが「割れ傷」です。Ⅱ章（4）-⑤で述べたように、ヴァイオリンの木が生きている以上、傷もまた生きています。修復された状態が未来永劫続くのであれば問題はありません。修復跡が全く分からない、上手な修理が施されたとしても、年月が経つと傷跡は徐々に表われ、最終的には再びはずれてしまうようなこともあり、補修を必要とする確率は決して低くはないのです。パッチ、クリーツそのものもニカワで接着していますから、多湿の場所にあれば接着は弛み、すき間などが生じ、耳障りな派生音をかもし出す原因になってしまいます。特に乾湿の差が大きな環境に置かれたヴァイオリンほど、傷口の露出は早まります。残念ながら日本の気候は、そういう意味で好条件にあるとは言えません。

割れ傷があるということは、いかに見事な修復が行なわれていようと、その傷は再び生き返り、その都度補修を繰り返さなくてはいけない不安定要素を抱えていることを意味します。それゆえに無傷の状態から比べれば、保存状態の良くないヴァイオリンとして取り扱われることになり、割れ傷が多ければ多いほど価値は下がり、値段も下がるのです。

今までのような説明の仕方ですと、修復跡はすぐにでも口を開いてしまうように思われた方が多いと思いますが、それは誤解で、割れ傷のあるヴァイオリンをお持ちの方も安心してください。修復が巧く行なわれていれば、少なくとも30～40年間は何の問題も生じませんし、100年以上補修を必要としないヴァイオリンもたくさん存在しているからです。割れ傷を発見したら、間をおかず修理に出してください。早ければ早いほど綺麗に接着できます。

割れ傷の多いヴァイオリンの購入は控えるにしても、割れ傷を恐れる必要はありません。表板に2～3本程度の割れ傷があるモダン・ヴァイオリンであれば、銘器を安く購入できる分、メリットが大きくなることも忘れてはいけないのです。コレクター・ピース以外のオ

ールド・ヴァイオリンの大半は表板に3〜6本の割れ傷は抱えているはずで、割れ傷を厭う人はオールド・ヴァイオリンを購入できないことになってしまいます。

さすがに10本以上もの割れ傷があれば「傷物」の烙印を押してしかるべしで、いくら音が良く、安くとも、購入しないに越したことはありません。新作は「新作」である以上無傷であるところに存在意義があると考えている私ですから、少しでも傷があれば購入は絶対に控えます。オールド、モダンとは違い、新作の割れ傷は価値を大きく低下させます。

どの程度の割れ傷があればいくら安くなるというような基準は存在せず、売買の成立には売り手と買い手との阿吽の呼吸を必要とします。しかし、裏板魂柱傷のあるヴァイオリンが相場の1／5にもならないことは衆知の事実となっています。モダン、オールド・ヴァイオリンをご購入される方は、自分で確認できる修理跡は別にして、一見無傷に見えるヴァイオリンであっても、必ず割れ傷の有無、パッチ、クリーツの有無を売り手に確認してください。そして割れ傷やパッチがあったら必ず値切ることが最善の方法です。パッチ、クリーツは、エンド・ピンの穴から覗けば大半は確認できます。

「**エッジ傷**」、「**パフリング傷**」、「**表面傷**」（裏側まで割れの行っていない傷、ひっかき傷）、「**ニス傷**」、「**サップ・マーク**」（注3）は、余程醜い外観を呈さない限り、価値への影響は全くありません。

（注3・サップ・マーク：ヤニ壺。材料にもともとある樹脂、樹液の滞留跡で、その部分だけ色が濃く、傷のように見える。隙間などがあれば製作段階で木片を埋め合わせてある。良い材料に多いことから、銘器にはしばしば見られる。）

（7）コンポジット・ヴァイオリン（composite）

Compositeは合成、混合を意味します。我々がコンポジット・ヴァイオリンと言う場合、表板もしくは裏板のどちらかが別の作者によるヴァイオリンを指します。製作段階で表板を師匠が、裏板を弟子が作ったようなヴァイオリンではない、製作後何らかの原因で表板あるいは裏板が別のものに取り替わってしまったヴァイオリンのことを言い、主として大破砕が生じて修復不能に陥った場合や、修復可能であったとしても「全面パッチ」を施すことなどから、音へのデメリットを逃れ得なかったような銘器に存在します。オールド・ヴァイオリンに最も多く、19世紀のモダン・ヴァイオリンにもその存在がないとは言えません。スクロールは骨董的価値に関わる部位で音への関与はほとんど無く、スクロールが別物のヴァイオリンをコンポジットとは言わない習慣になっています。

コンポジットには四つのタイプがあります。

① 同じ作者の別の作品の表板あるいは裏板を取り付けたもの

② 表板あるいは裏板を新たに製作したもの

③ 別の作者の作品から表板あるいは裏板をもってきたもの

④ 表板、裏板、横板、スクロール、すべてを寄せ集めたもの

私共の会社だけでも、③表板がジロラモ・アマーティのアントニオ・ストラディヴァリ、②裏板がレアンドゥロ・ビジャックのフランチェスコ・ルジェーリ、②表板がエンリコ・チェルーティのサンクト・セラフィン、②私共で裏板を作ったピエトロ・グァルネリ、②表板が19世紀後半のアンドレア・グァルネリ、③表板がオールド・ジャーマンのランドルフィ、①表板と裏板の製作年代の違うアントニオ・ストラディヴァリなどを売った経験があり、オークションにも結構な数が毎年出品されています。

コンポジット・ヴァイオリンのオリジナリティーは、スクロール、裏板、表板、横板4箇所の3／4、もしくはスクロールを除いた2／3が同じメーカーであればその作者のコンポジットとするのが正統派の考えですが、今ここにコンポジットに関するややこしい命題を提起してみましょう。

……表板が黄金期のアントニオ・ストラディヴァリに取り替わったニコロ・アマーティがあった場合、どちらの作者のコンポジット・ヴァイオリンと言ったら良いのか……。

3／4箇所はニコロ・アマーティですからニコロ・アマーティの表板が破砕して、たまさかサイズの合うアントニオ・ストラディヴァリの表板があり、それを取り付けたというのがこのアマーティの辿った歴史のはずです。製作史順も考慮すれば、このヴァイオリンのオリジナリティーはニコロ・アマーティにあり、正しい作品名は「ニコロ・アマーティのコンポジット・ヴァイオリンで、表板はストラディヴァリ作」になります。普通、コンポジット部には格下の作品を取り付けるケースが多いのですが、この場合何しろ表板は名にし負うアントニオ・ストラディヴァリです。商売上手のディーラーがこのヴァイオリンを「アントニオ・ストラディヴァリ作でスクロール、裏板、横板はニコロ・アマーティの作ったもの」と紹介しても何らおかしくはありません。しかし「ニコロ・アマーティのコンポジット・ヴァイオリン」と「アントニオ・ストラディヴァリのコンポジット・ヴァイオリン」とでは、買い手に与えるインパクトの強さは決定的に違います。「アントニオ・ストラディヴァリの……」と言い換えただけで必要以上の高値を呼び込むでしょうし、買い手もそれで納得したがるかもしれません。「表板は黄金期の作品で、その他はアマーティの弟子であった頃ストラディヴァリ自身が作ったもの」という口実を設け、本物のストラディヴァリとして紹介してしまう、更に上を行く商売上手もいるかもしれません。値段はもっと

もっと高くなってしまいます。怖い話です。一流ディーラーは無論「ニコロ・アマーティのコンポジット・ヴァイオリン」として紹介し、たとえ表板がストラディヴァリであってもオリジナルのニコロ・アマーティの相場より高い値付けは絶対にしないはずです。コンポジット・ヴァイオリンの値段は、いかなる場合でもオリジナルの作品より安くするという不文律は確立されています。

かくのごとくコンポジット・ヴァイオリンは、同じ作品でも売り手のオリジナリティーの取り上げ方によって買い手に錯覚を与える要素を多分に持っており、売り手の口車に乗らないようしっかり吟味する必要があります。正しくは「3／4もしくは2／3箇所がオリジナリティーの要であり、値段もその格に順ずる」ことを是非頭に入れておいてください。

①は結果としてすべての部分がオリジナルということになり、相場はオリジナルと同等かほんの少し安くなる程度のことでしょう。昔、ニューヨークのジャック・フランセが裏板の違うストラディヴァリのチェロをスペインで発見し、世界中のディーラー、友達に30万ドルで買うから裏板を発見してくれと目の色を変え電話しまくっていたのを思い出します。

②はオリジナルの相場の1／4以下。

③はコンポジット部の作者の格によって相場は変わるとはいえ、半値以上になることはほとんどありません。コンポジット部が格上のものであれば相場の2／3位になる場合も間々あります。

④は机上の産物であって、お目にかかったことはありません。あったとしても10万円単位の安物にのみあり得る話でしょう。

コンポジット・ヴァイオリンを取り上げたのは、その存在が意外に多いこと、高くて手の届きそうもない「古銘器の音」を安い値段で買えるメリットがあることを知ってほしかったからです。未だ稼ぎの少ない、しかし「音」を命とする若手の演奏家にとっては、救いの神となり得るところに鎮座ましましているのが、コンポジット・ヴァイオリンなのかもしれません。選択肢に必ず入れておくべきでしょう。

コンポジット・ヴァイオリンに値上がりを期待するのは間違った考え方ですが、保存状態が良く、音も良ければ多少の値上がりは約束されていますし、値下がりは有り得ません。

骨董的に見れば裏板のオリジナリティーが第一の要素になり、表板は二の次になります。つまり裏板がオリジナルのコンポジット・ヴァイオリンの方がより高く売買されます。音の見地からすると、表板のオリジナリティーが第一の要素になります。表板さえオリジナルであれば、すべての部分がオリジナルであった時に近い音を維持している例が多いのは、音質の大部分が表板に支配されていることからも容易に想像がつきます。例えば表板が新作であれば、その他の部分がオリジナルのオールドであっても音はほとんど新作に近くな

り、表板がオールドであれば、その他が新作であってもシルバートーンを持ったヴァイオリンになります。すなわち「音」を買うのであれば、表板がオリジナルのコンポジット・ヴァイオリンを選択することです。表板がストラディヴァリのコンポジットであれば、他の部分は誰の作品であろうとストラディヴァリの音が2,000万〜3,000万円で買えるというわけです。残念ながらストラド、デル・ジェスのコンポジットなどなかなか存在しないのが現実です。しかしもう少し格下のグァダニーニ、ガリアーノ、バレストリエリなど、質の高い表板のコンポジット・ヴァイオリンは市場で相当数流通しています。これらのコンポジット・ヴァイオリンは1,000万〜1,500万円で入手できることを忘れないでください。

　昔、1本のストラディヴァリから3本のストラディヴァリを作ってしまったメーカーがいます。レプリカの製作に長けていた彼は、ストラディヴァリを表板、裏板、スクロールと横板、の三つに分解、各部のその他の部分を自分で製作し、3本のストラディヴァリにしてしまいました。客に黙って見せたところ、3人共オリジナルのストラディヴァリの作品であると勝手に信じて買ってしまいました。但しそれぞれの値段は相場の1／3でした。何とはなしに彼の遊び心が窺えるエピソードですが、表板がオリジナルの作品を有名なヴァイオリニストに売ったことからすると、やはり音で見抜かれるのは避けたかったのかもしれません。哀れなストラディヴァリは、後にロンドンのヒル商会によって復原されました。件のメーカーはパリのJ.B.ヴィヨームで、ヒル商会はオリジナルのストラディヴァリ＋2本のJ.B.ヴィヨームを売り捌けることになり、大儲けをしましたと。まずはめでたしめでたし。

　コンポジット・ヴァイオリンは、そうであることが分かっていればとても魅力に富んだ商品ですが、見抜けなかった時はオリジナルとしての金額を払わされるはめになり、お金を失うことになります。コンポジットは、②にしてもオールド・イミテーションを施してあり、外見は一見オリジナルのように見せかけてあります。③は、オリジナルの作者のパターンを知らなければ見抜けません。なぜなら、少なくともニスの色は同じ類のものを選択してあるし、ヴァイオリン全体のニスをウォッシュして新しいニスをリタッチしてしまうような方法をとるクラフトマンもおり、ニスの色の違いからの判別を難しくしているからです。何を施してあろうと熟練した一流ディーラーは必ず見抜くのですが、そこそこのメーカー、ディーラーの眼力ではとても分からないほど精巧なコンポジットも存在します。一流ディーラーから購入するのであれば詳しい説明があり安心ですし、一流鑑定書にはコンポジットであることを必ず記載してあります（**鑑定書**−［例21］アンダーラインのところ）。

　残念なことは、デタラメなディーラーにとってコンポジット・ヴァイオリンが極めておいしい上玉商品になっていることです。偽物売りを目的とする彼らにとっては、完全な偽物を売るよりコンポジットを扱った方が尤もらしい言い訳ができる分、安全を図れるから

例21
表板の違うサンクト・セラフィンの鑑定書
（表板が違うことを明記してある）
右上の写真は、鑑定書の裏に貼付してあるもの

Ⅲ 値段について

J. BRADLEY TAYLOR

CERTIFICATE

WE CERTIFY that the violin in the possession of
　　　　　　　of Tokyo, Japan was made, in our opinion,
by Sanctus Serraphin as indicated by the label it bears,
dated Venice 1735. The instrument also bears the repair
label of Franz Zach, dated 1881. The description is as
follows:

　The back is cut on the quarter from two pieces
of maple, with narrow flames running horizontal
from the center joint. <u>The top, not the work of
Serraphin</u>, is cut from two pieces of spruce with
medium grain at the center which broadens at the
flanks. The sides are of maple similar to that
of the back, but with less flame. The scroll is
of maple matching the back. The varnish has a
medium gold-brown color with slightly more
orange on the table. This instrument is a fine
example of the makers work, <u>all parts being
genuine except the top which is of a later period</u>.
The violin bears the registration number S-733.

　　　　　　　　　　　　　　　　J. Bradley Taylor, Inc.

MEASUREMENTS:

LENGTH　327mm
U.B.　　162mm
M.B.　　111mm
L.B.　　202mm

Dated: January 20, 1973　　　　Photographs attached

です。彼らはコンポジットであることは隠し、オリジナルの銘器としてその相場で売ろうとすることでしょう。善意のディーラーで気付かない人もいるはずで、オールドの銘器を購入なさる方は、真贋はもとより、コンポジットであるかないかも本当は自らチェックする必要があるのです。

　一流鑑定書の添付があったとしても、それが昔のものでしかも写真貼付のない場合、発行日以後に起きたかもしれないコンポジットへの変身は記載されていないことになります（Ⅱ章（4）-⑨参照）。写真貼付のない戦前の一流鑑定書を捜し求め、その記載内容に見合った偽物を本物として売ってしまうようなディーラーも存在します。10年程前、私共の扱ったチェロで、表板が**J.F.**ロットのストラディヴァリには1932年のヒル商会の鑑定書が付いており、そこにはすべての部分がオリジナルの素晴らしい作品であると記載されていました。もう1通1975年発行のウルリツァーの鑑定書も付いており、そこには表板はJ.F.ロット（イギリス）作と、記載してあり、更に表板が破砕してしまったのでロットの表板を取り付けたと書かれていました。悪徳ディーラーであれば当然ヒル商会の鑑定書を盾にストラディヴァリの最高の作品としての値段を付けることになります。ちなみにこのコンポジットのチェロは3,000万円で売りましたが、すべてオリジナルということにすれば最低2億円の値が付いてしまうことでしょう。写真貼付のない古い鑑定書の場合は、コンポジットに変身してしまっているかどうかも念入りにチェックする必要があるのです。

◎コンポジットの見分け方

　問題になるコンポジットは②③です。以下、私共の判別方法を紹介しておきます。この見分け方は、また「贋」の発見法にも通じています。

a）②の場合、新たに作りますから、パターン、アーチ、パフリングなどはイミテーションされており、形からの判別は難しくなります。しかしニスの色が同じに見えたとしても「地色」だけは絶対真似できません。②③で表板、裏板の地色が違っていればどちらかがコンポジットになります。そしてスクロール、横板と同じ地色の方がオリジナルです。

b）③の場合、表板、裏板のパフリングを見比べてください。白黒の割合が違っていたり、幅に違いがあったりすれば、どちらかがコンポジットです。

c）③の場合、表、裏のエッジの形を見比べてください。カットの仕方が違えばどちらかがコンポジットです。

d）例外もありますが、18世紀中頃以前に作られたオールドは、表板（スプルース）の方が

裏板（楓）より全体に縮んでいます（この傾向はアーチが高くなるほど顕著）。水平面にヴァイオリンを横に立ててエンド・ピンの方向から見てください。表板の方（駒側）に少し傾斜すれば、それは正しい年月を経たヴァイオリンです。傾斜が無い場合、表板はコンポジットかもしれません。但し、③で小型の表板をもってくればやはり傾斜しますが、それはa)、b)、c)、f)　で見抜けます。

e)　f孔からヴァイオリン内部のニオイを嗅いでください。酸のような、もしくは薬品のニオイがしたら、どこかの部分が新しくなっているはずです。

f)　強い**紫外線**をニスに当てると、コンポジット部は全く別の呈色をします。但しリタッチしてある箇所も変わるので、混同しないように。

(8) 音と値段

「暗い」「明るい」「硬い」「柔らかい」など、皆さんの好き嫌いで選別される音については、**Ⅵ章「音……選定に際して」**でご一緒に考えたいと思います。ここでは「値段と音とは必ずしも一致せず、それは矛盾するようだが当たり前である」こと、言い換えれば「1本1本のヴァイオリンの値段を音の差で決めるのは不可能で、音で値段を決める商法は市場を破壊する禁じ手である」ことをメイン・テーマとし、私の考えを述べておきたいと思います。

避けたかった不条理なテーマの一つがこのことで、私の能力では纏めがたいところですが、敢えて挑戦してみました。何とはなしに真意を汲み取っていただければ嬉しいのですが。

今まで漫然と「音の良し悪し」と言ってはきましたが、今後各アーティクルにおいても頻繁に「音」に触れるはずです。好き嫌いではなく、「普遍的な意味合いを持つ音の良し悪し」とは何なのかを一応定義付け、そういう意味での「良い音」「悪い音」とここではカッコで括ることにします。即ち、「普遍的」とは「数多くいるプロ・プレーヤー、先生の中でも特別レベルにある、音の分かる人々が共通して納得できるような音」とし、「**良い音**」とは「彼らが勧める音」、「**悪い音**」とは「彼らが勧めない音」と定義しておきます。キーは、最大多数の最大公約数ではない所です。そこそこのプロ・プレーヤー、下手な人々は、各ヴァイオリンの持つそれぞれの本質的な音を引き出すことができません。それゆえ、耳が肥えようもない人々もたくさんおり、したがってそのような人々の音に対する評価には偏

りが見られ、ためにはなりません。無論、弾けなくとも、長年の音楽的、芸術的経験から、正しい耳をお持ちの方々の意見は大いに尊重すべきでしょう。

　人間の音に対する感性は正に千差万別、同じ音でも好きが有り、嫌いが有りで、本来良い音、悪い音に境界線は無いはずです。しかし、楽器の王様、高額商品でもあるヴァイオリンを入手する以上、そのようなことは言っていられません。選定手順の最終段階は個々人の好き嫌いにあるとしても、その前段階においては最低基準ともなる「良い音」「悪い音」の判別をし、「良い音」のヴァイオリンを何本か選定しておく必要があります。単に好き嫌いだけで高額ヴァイオリンを入手するのは考えものですし、危険です。

　安物、銘器、音、値段、いずれにせよ、たくさんヴァイオリンに接するにしかずの世界であるにもかかわらず、皆さんが多くのヴァイオリンを手にする機会に恵まれないのは残念なことです。日頃多くの楽器に接していない皆さんは、比較すべき対象がなければ、たとえその一本が気に入った音でもなかなか購入にまでは持ち込めない、不安な心理状況に置かれているはずです。しかしそのような不安感は救いともなり、自ら正しいヴァイオリン選定に到達できる一つの道程でもあります。「絶対に良い音」という存在はあり得ず、それは「究極の演奏」が存在しないことと同じ理由によります。したがって皆さんの場合、音の選定は、比較することに終始するのが最上の方法であり、ほかに術も無いはずです。

　比較し、最終的に自分の感性、欲求を満たした音を一番良いと皆さんは思うはずですが、それはあくまで自己の世界であって、我々ディーラーは、その音はたまたまその人の好みの音であると考えるだけで、その音が一番良い音などとは夢にも思っていません。売り手である自分の好みにたとえ合致したとしてもです。

　ここに500万円のヴァイオリンが5本あったとし、5人のそこそこのプロ・プレーヤーが弾き比べ、音の投票をしたとすれば、せいぜい2票得られるか、はたまた5票に割れてしまうかが日常の出来事です。たとえ5本の中に図抜けた「良い音」のヴァイオリンがあったとしても、票は必ず割れ、音の判断はかくも千差万別、曖昧なものかとしみじみ身に滲みる思いを味わっているのが我々ディーラーです。私自身好きな音もあり、「良い音」「悪い音」の判別もできると自負しても、私の基準だけでヴァイオリンを選定していたら商売は成り立ちません。

　我々ディーラーは同じ500万円でも様々な音を、たとえ自分の好みでない音質であっても、購入しなければ商売をやって行けない立場に置かれています。したがって、我々は音の選定を皆さんと同じように厳しくしては何も買えなくなってしまう分、音への姿勢はかなり甘く、時間はかけません。すべてのお客様に満足してもらうには、いろいろな音を提供する必要があるからです。私自身が音の良否判定にかける時間はせいぜい1本に2～3分というところでしょうか。それで「良い音」「悪い音」は分かります。そのかわり「良い音」に

通じる「作りの巧さ」、真贋、保存状態に対しては納得いくまで時間を費やします。

　本章の（2）で、ヴァイオリンは「格」に応じて値付けされるべき骨董品である、と言いました。格上のヴァイオリン程、格下より「より良い音」を持つ確率が高いとはいえ、あくまで「確率」であり、絶対的なものではありません。「格」が決まれば駄作であろうが悪い音であろうが、格下の値段にはならないとも言いました。安く売り捌くのは売り手の勝手ではありますが。

　音はいずれにせよ曖昧、混沌の中に置かれており、それゆえ値段の基準にするのは不可能と言いたいのですが、何かすっきりしません。強引な論法で恐縮ですが、ここで逆説的に捉え、「音が良いという理由で格下のヴァイオリンを格上の値段で売った場合」を想定してください。事態は明白に浮かび上がります。具体例を挙げてみます。

　随分前のことです。**Kiso Suzuki Violin社**のプレス加工ヴァイオリン「定価金3万円也」がありました。毎年数千本も生産されている「量産品」のヴァイオリンでした。何気なくある1本を試奏したところ良い音が出そうな気がして、最上級のフィッティングを行ない、改めて音を出しました。当時300万円はするファニョーラ（Hannibale Fagnola 1890〜1939 Torino）と弾き比べたところ、3万円の方が圧倒的に「良い音」でした。更に1,000万円クラスのオールド・イタリアン、ジョフレッド・カッパ（Giofred Cappa 1644—1717 Torino）と比べると、意見は二つに分かれました。ところで「このKiso Suzuki Violinは1,000万円の音がする」という理由で1,000万円で売ってしまえば、私は詐欺罪に問われること請け合いです。定価100万円のコンテンポラリー、**エッカルト・リヒター**（Eckart Richter, Markneukirchen）作には、600万円のモダン・イタリアンに遜色ない音が存在します。では、そのように「良い音」だからリヒターを600万円の半値、300万円にしたら皆さんは喜んで買ってくれるでしょうか。7,000万円のピエトロ・グァルネリを、アントニオ・ストラディヴァリより良い音がするから2億円で売ってもクレームは付かないものでしょうか。

　かくのごとしです。「音」に値段を付ければ市場はめちゃくちゃになります。良い音であってもその音はある人には好ましくないでしょうし、悪い音であっても良い音に聞こえてしまうのが人間の耳ですから、「音」という極めて曖昧な要素は値段の基準にはなりません。オークション・カタログにも音の記載はありません。音の評価を書くのなら、すべてのヴァイオリンに"良い音"、と書いてしまえばそれでことは済みます。「音」にエスティメイションなどつけられない根本的理由を、オークショナーは先刻承知しているのです。

　復習します。初めヴァイオリンは音が良いことから作者が有名になり、その「音」の程度によって格が決まります。同じ作者でも100本が100本とも良い音がするはずはありません。悪い音も混在しており、音の良いものが7〜8割方あれば、その7〜8割で格は決定され

ます。格下のヴァイオリンにしても、格上と遜色ない音が1〜2割は存在するでしょうし、図抜けた「良い音」の存在も無いわけではありません。更に悪い音であってもそれが好きな人も結構おり、結局「格」によって値段を固定するのが自然体で無理がない市場の姿だということになります。いずれの格にせよ、音が嫌いなら買わなければよいだけの話です。より音が良ければ相場より20％位高くとも仕方ないでしょうし、音が悪ければ安くなるのは当然だとしても、良い音、悪い音、いずれにせよ値段が格に順じた相場のうちにあれば市場は安定します。

　結論的に言うと、値段が高くなればなる程「より良い音」の存在確率は高くなります。しかし、高いヴァイオリンの中に「悪い音」もあれば安いヴァイオリンの中に「より良い音」もまた存在します。値段は「格」で固定されますから「値段と音は必ずしも一致しない」ことになります。

　音で値段は決められない理由をくどくどと書いてきました。何せ3万円で1,000万円の音が買えると言っているのですから、ホラ吹きのたわ言と言われても仕方ありません。そのような幸運にそうそう巡り会うものではありませんし、よしんば巡り会っていたとしても、気付かないのが普通です。1,000万円のヴァイオリンを選ぶのに、まさか3万円のヴァイオリンから比較するような人がいたら "ザケンジャネェ" と追い出されるのが落ちでしょう。

　ところで、3万円の良い音と1,000万円の良い音とは、同じ良い音でも、弾き手の音楽的感性に与える影響が全く違います。銘器の所有は目に見えないところに効用を及ぼします。「銘器を弾きこなす」喜びは修練に、「銘器を弾いている」という**プラセボ効果**は演奏に抜き差しならぬ影響を与えています。単に音だけではない不思議な精神作用を銘器は与えてくれます。

　ここでもう一度、できるだけたくさんの試奏、比較をすることの大切さを言っておきましょう。500万円の予算があり、予算内で200万円、300万円、400万円、500万円のヴァイオリンを1本ずつ選定対象とし、音を比べ、200万円、300万円の方により良い音があれば、500万円に固執せず購入してしまうのも利口な購入法でしょう。そして余った予算は弓に回せばメリットは増加します。しかし、もっともっとたくさん試奏することにして、各値段帯のヴァイオリンを5本ずつ、計20本試奏してみましょう。結果は明白で、一番格上の500万円5本の中に最高の「良い音」を見出せるのも紛れもない事実です。格下のヴァイオリンは間違いなく敗退します。

　個々を比較すれば格下にも格上より良い音が結構あるとはいえ、平均して捉えれば、やはり格上である程、つまり値段が高い程、より良い音が主流を占めるのは言うまでもないことをお忘れなく。そしてくれぐれも、音が良いから高くても仕方がない。という考え方はお捨てくださいますように。次項**(9)**でその失敗例を紹介します。

（9）プラクティス……「楽器の響き」裁けるのか？……

　1999年9月12日の読売新聞［**例22**］に載った「偽ヴァイオリン事件」は、いわばやむを得ぬ環境に置かれていた被害者Ｂさん（原告）の立場は忖度できても、多くの「音」を比較検討しないうちに購入した結果、「音の罠」に陥り、法外なお金を支払ってしまった典型的な失敗例です。値段の章の総括に相応しい話題が提供されました。被害者にはお気の毒ですが、私共プロの眼から見た今回の「事件」を応用例として採り挙げ、解説を加えてみたいと思います。

　アントニオの息子、オモボノ・ストラディヴァリ（Omobono Stradivari, 1679 ～ 1742 Cremona, **基礎編　p.90**　参照）として売られたドイツ系ヴァイオリン（以下「オモボノ」とカッコで括る）は私も知っていました。約13年前、ミッテンヴァルト在住のメーカー・ディーラーのＡ氏が、さる日本の業者に委託販売の形で預け、その業者が私の所に鑑定に持ち込んだヴァイオリンがこれで、今でも鮮明な記憶が残っています。

　「オモボノ」には、スイス在住のメーカー数人が共同でアイデンティフィケイションを行ない、発行している「**Swiss Violin Makers Association**」（以下SMAと略）の鑑定書があり、なおかつ1977年彼らが出版した、全6巻からなるヴァイオリン、ヴィオラ、チェロの大図鑑「**Alte Meister Geigen**」（以下AMGと略）にも真正のオモボノ・ストラディヴァリとして紹介されていました。多数のオールド・イタリアン・ヴァイオリンを系列に分けて紹介し、表板、裏板、スクロール、サイズ、ラベル、その他のディテールはもとより、紫外線下の写真も掲載するという念の入った図鑑でした。一見すると科学的アイデンティフィケイションが行なわれたような、いかにも尤もらしい体裁を整えてはいます。しかし、内容は実のない空疎なもので、一流ディーラー達の、この図鑑への評価はゼロに等しいくらい低いものでした。「何のために出版したの？」という意味で歴史に名を残すことになってしまった有名な図鑑でもありました。加えてまずいことに、図鑑中の写真には偽物も多く、あろうことか銘器であればあるほどその確率の高いことがチャールズ・ビア、ピーター・ビダルフ、ジャック・フランセ等カリスマ的鑑定家たちに見抜かれ、その情報はたちどころに世界を駆け巡ってしまいました。自分等の責任とはいえ、悪夢のような出来事が彼らを襲ったのです。無論本物の写真もあることから、文献コレクターのKANDA君は早速購入しましたが、1巻は5万円。全6巻で30万円は高い投資になりました。

　19世紀後半以降、膨大な数のヴァイオリンに関する研究発表、文献、図鑑類が出版されています。しかし、鑑定書と同様、玉石混交が実体で、全くデタラメな知識を披露している文献、偽物を売る目的で作られた図鑑などが少なからず存在している世界でもあります。

III 値段について

例22

読売新聞 一九九九年（平成十一年）九月十二日より

　欧米の書物であれば何でも信頼し、疑いもなく内容を鵜呑みにしてしまう方々が日本人に多いのは残念なことです。図鑑、文献、についてはIV章(4)をお読みください。
　そのようなSMA出版者達の鑑定書AMGに全幅の信頼を置けるはずもなく、三流鑑定書（ミス鑑定が多い）に私共はランクしています。II章(6)のCに紹介した鑑定書は、権威ある鑑定書、一流鑑定書にランクされており、「オモボノ」を偽物と断定したチャールズ・ビア（新聞では"ベア"と言っていますが、正しくは"ビア"）の鑑定書には「絶対的権威」があります。欧米の一流ディーラーですらアイデンティフィケーションが難しいときは、ビア氏の意見を仰ぐことになるほど豊富な知識を持ち合わせている人物です。

94

私に鑑定依頼してきた業者は、自分の経験が未熟であることを百も承知している謙虚な心の持ち主です。その彼ですら何か安物に見え、とてもストラディヴァリとは思えないと感じ、私の所に「オモボノ」を持ち込んできたというわけです。良い作品ですが、一見してドイツ系－ボヘミアン・スクールの系列に入る作品と解ってしまうようなヴァイオリンでした。製作年代も違えばパターンもニスも違う、贋作とすら言えない全く別物なのです。19世紀前半の作品なのでシルバー・トーンのそれなりに良い音はしていますが、「良い音」とまでは言い切れず、「音量」が売り物のオモボノ・ストラディヴァリとは雲泥の違いがありました。記憶は定かではありませんが、確か3,600万円で預かっていると聞いたように思います。私の評価は100万円前後でした。SMA、AMGがあったにしても、売ってしまうと必ずすったもんだするから返品するように言った覚えがあります。彼がA氏に返品した後、N先生（被告）の手に渡ることになったようです。ちなみに3,600万円は本物としては安過ぎる値段で、そのこと自体既に偽物を窺わせる要素を持っていました。

　オモボノ・ストラディヴァリは、父アントニオの助手をしていました。したがって彼の大半の作品はアントニオのパターンで、アントニオの作品として売られています。晩年になって彼の考え出した父アントニオ＝グァルネリ・デル・ジェスを折衷した独自のパターンは、こと音量に関しては比類無きものがあり、両者を超越しているのではと思わせるものでした。父アントニオも晩年はオモボノのパターンを取り入れるほどでした。難を言うなら、父アントニオ、兄フランチェスコほど器用でないこと、ブラウン色が強く、ニス全体が少し暗い外観をしていることでしょうか。私が業界に入った30年前の500万円という相場は、ピエトロ・グァルネリより安かったという記憶があります。近年オモボノの評価はとみに上がり、現在の相場はピエトロ以上で（本章（2）[表3] 参照）、いずれ、父アントニオの相場に近づいてしまうのかもしれません。バランスが良く、音も出し易しで、私共下手が試奏しても「天にも届くような」気持ちにさせてくれる弾き心地の良さは、他に例を見ません。オモボノ・ストラディヴァリを推奨する人々が増えているのも頷けます。

　さて、前置きはこれくらいにして、本件を追ってみましょう。N先生がA氏から「オモボノ」を購入し、それを更に弟子に売却したところ、後に偽物であることが判明し、真贋問題で裁判になってしまった、というのが新聞に書かれている経緯ですが、もっと悪質な事実が潜んでいる事件でもありました。N先生とA氏とは長年取り引きがあり、N先生は教える以外に、ヴァイオリン業も営んでいるのではとの噂も巷にちらほら聞こえてくる程でした。N先生はA氏を信頼していますから、「オモボノ」が偽物であるとは夢にも思っていなかったはずです。但し、「オモボノ」は委託で預かったのか、購入したのかは定かではありませんが、いずれにせよN先生の目的は、誰かに売りつけ、大儲けすることにあった

ようです。

　更に「オモボノ」は、関税を払わずに持ち込まれた関税法違反に抵触する密輸品でした。そしてN先生が、自分の愛用しているヴァイオリンということにして売った先が、愛弟子であるBさんだったのです。後に偽物ではとのクレームが付いた時点でA氏が買い戻す意向を示したところ、A氏のN先生への売り値が分かり、N先生の大儲けはばれました。BさんがN先生に支払った金額は、A氏の売り値よりびっくりする程高かったのです。それは楽器屋ですら度肝を抜かれるような大儲けでした。いくら儲けようとそれは勝手でしょうが、愛弟子からすれば、恩師の行為は許し難いはずです。Bさんは返品・返金に応ずることなく訴訟に踏み切りました。というのがどうやら事の真相のようです。

　鑑定書もあれば図鑑にも載っている「オモボノ」の真贋について疑いを持つ要素は、Bさんには何もなかったはずです。その部分のチェックは一切せず、それなりに良い音がしているのはBさんの周りの誰しも認めるところだったのでしょう。もっぱら試奏に終始されたのだと思います。

　ところでBさんはヴァイオリニストです。たとえ家一軒分の投資が反古になったとしても、とにかく「最高の音」さえ入手できればそれで良しと思っていらっしゃったのかもしれません。しかし音を命とするなら、「ストラディヴァリ」という名声や、恩師の強引な？薦めはさておき、冷静に音を判断すべく、もっともっとたくさんの銘器と「オモボノ」とを比較検討すべきでした。さすれば「オモボノ」を入手することは無かったでしょう。いくら良いと感じても、「オモボノ」の音は、銘器中の銘器として名高いオモボノ・ストラディヴァリの音とは比ぶべくも無いことに気付いたはずです。

　ロー・アーチ、ミディアム・アーチのオールド・ジャーマン・ヴァイオリンには、「良い音」のするものがたくさんあります。**イタリア50人衆**（基礎編 p.144）以外のオールド・イタリアン・ヴァイオリンに匹敵するような音は当たり前に存在し、そこに悪徳業者のつけ入る隙があります。彼らはラベルを貼り替えたり、鑑定書を発行したり、図鑑さえ出版したりして、安く入手できるジャーマン・ヴァイオリンをイタリアン・メーカーの誰かの作品として、その名前の相場で売りつけるのを常道としています。かたやデタラメなものであっても、鑑定書がありさえすれば、そのヴァイオリンの真贋などはお構いなしに、鑑定書どおりの本物として紹介する、無責任と言いましょうか、よく判っていないディーラーも存在します。彼らこそ、音に値段を付けるという禁じ手を平然と励行している市場の破壊者なのです。

　残念なことに、そのような類のヴァイオリンが多量に流入しているのが日本の現実です。

知識のない人々にとっては、そのようなヴァイオリンもオールド・イタリアン・ヴァイオリンになってしまうから始末が悪いのです。何が何でもイタリアンの日本です。真贋まぜこぜ、音までまぜこぜでもそれらはあくまでイタリアンであって、真正のオールド・ジャーマン・ヴァイオリンの音が、どのようなものか分かりようもない立場に置かれている人々がたくさんいるのは残念なことです。Bさんも普段から真正のオールド・ジャーマン・ヴァイオリンに接していれば、少なくとも「そちら系」の音がするのではと疑問を持ったはずです。「良い音」であっても、イタリア50人衆と比べれば、明るさ、音量に欠けるような音を「そちら系」と表現しました。格⑨以下の真正オールド・イタリアンの多くもまた、**「そちら系」**を持ち合わせています。

　確かに銘器は弾き込みを必要とします。たった数ヵ月弾かれないだけで、新たに本来の音を引き出すには、数ヵ月〜数年を要する時もあります。Bさんは購入時から音量不足は感じていたようです。そこは「ストラディヴァリ」です。弾き込めば音量は出てくると思われたことでしょう。しかし「オモボノ」は、偽りかもしれないとはいえ、恩師のN先生が愛用していたという前提にあります。したがって試奏時点での音量が限界であるとBさんは考えるべきでした。この場合、たとえ「ストラディヴァリ」であっても、音量が思った程には足りないと感じた時点で「オモボノ」の購入は控えるべきだったのです。

　いくら弾き込んでも、音量不足が改良されないことから疑問が生じ、ロンドンのチャールズ・ビアに鑑定を依頼した結果、「オモボノ」が真赤な偽物であると判明しました。裁判ではチャールズ・ビアに加え、サザビーズのアダム・ワトソンが鑑定人として証言し、オモボノ・ストラディヴァリの作品ではなく、ドイツ系のコンポジット・ヴァイオリンで、エスティメイションは30万円くらいと断定しました。権威のある両者が、偽物と断定している以上「オモボノ」はまぎれもなき偽物であり、彼らの意見に横槍を入れられるような人物は世界中どこにもおりません。新聞では5〜6人の日本人ディーラーが被告側に立って「一人の人間の鑑定ですべてが決まってしまうのはおかしい」という内容の要請書を出したと書いてあります。これは被告を勝利に導くための詭弁に過ぎません。烏合の衆の鑑定、意見はこの世界では全く意味をなしません。たった一つの権威でも、それが万金の重みを持ちます。

　私共のように何百本もの真正ジャーマン・ヴァイオリン、イタリア50人衆などに接していれば、たとえ1本でもその音がどれ程のものか判断は付きます。いくらヴァイオリニストであっても、Bさんは我々ほどの経験はきっとなされていないでしょう。いずれにせよ「オモボノ」の「音」が気に入ったわけで、そこに何ら責めを負わされる理由はありません。ところで **(2)** ［表2］（71p）をご覧ください。オモボノ・ストラディヴァリは格⑯にあり

ます。例えば⑮のグァダニーニ、⑭のバレストリエリ、モンタニャーナ、⑬のストリオーニ、などはもとより、せめて⑪のリュポ、⑩のパノルモでも構いません。格下でもよいからもっともっとたくさん真正の銘器と弾き比べすれば、「音の罠」に嵌まる必要はなかったはずです。皮肉に言えば100万〜200万のオールド・ジャーマンも試奏すべきでした。

　いろいろな人が新聞紙上でコメントしています。おかしいのは「自分が好きな音として選んだのだから選んだ本人に責任がある」みたいな筋違いのコメントを取り上げていることです。はっきり言って「オモボノ」に高いお金を払ってしまったBさんに責任は全くありません。Bさんは被害者です。皆さんはすでにお分かりでしょう。「値段」は「音」では決められないからです。真正のオモボノ・ストラディヴァリであれば、音が気に入らないとか、高過ぎるという理由での提訴は不可能かもしれませんが、真贋＝値段の責任は百パーセント売った側にあります。したがってこの提訴は正当なものでしょう。A氏あるいはN先生が責任を負わされるのが当然なところ、一審、二審で原告が敗訴していることを知りびっくりしました。このまま最高裁で原告の意見が通らないようであれば、日本では「デタラメな鑑定書」「偽物」が大手を振ってまかり通るという大変な事態が生じてしまいます。最高裁の叡知に期待をする私共です。

　唯一、**江藤俊哉**先生のコメントが正鵠を得たもので、ここに紹介します。

　「外国には偽物を押し付けてくるずる賢い業者がたくさんいる。被告のN先生もだまされてしまったのではないか。複数の業者に鑑定を依頼するとか、どういう演奏家が所有していたかを丹念に調べるとか、だまされないよう、十分気を付けることが必要。はっきり分からない時には、いくら気に入っても買わない勇気を持つことだ」。

　江藤先生が音には一言も触れていないことに注目してください。江藤先生は、いくら音が気に入っても、真贋、値段は別の問題ですよ、とおっしゃっています。

　「良い音」さえしていれば、値段、真贋などはどうでも良いと思われる方々の気持ちは分からないでもありません。しかしヴァイオリンの値段はあくまで「格」に準ずるべきです。安く買えるはずのヴァイオリンにむざむざ高いお金を払う必要がどこにあるのでしょうか。「真贋」あるいは「格」こそがすべての原点になることをくれぐれもお忘れにならないでください。

Chapter IV

真偽、鑑定の話

「格」と「値段」とは夫唱婦随の関係にあります。「格」の特定なくしては売買は始まりません。作者には格があり、格によって値段は決まります。誰が作ったヴァイオリンかが分かれば、その格に見合った値段が待ち受けていることになります。作者が判明しなくとも、個々のヴァイオリンの「格」は決められます（Ⅰ章（3）参照）。そして格に準じた相場の±20％が正当な売り値であり、プラス、マイナスの増減は「保存状態」、「音の良し悪し」に関係すると申しました。つまるところ、ヴァイオリン・ディールの世界は、**売り値の正当性**を求めることにあらゆる知識を集約させ、それらを販売価格に結晶化させることから始まります。一本一本の販売価格そのものが、そのディーラーの所有する知識、経験、能力、信頼性など、すべてを物語っていると思ってください。したがって売り値に直結する作者の特定、あるいは格の特定にこそ鑑定の神髄があり、作者は誰なのか、作者が分からないのなら、年代、スクール、保存状態の確認等々、「格」＝「値段」の決定を終着点とするまでの過程が鑑定作業の要になります。

話を進める前に、またまた言葉の遊びをしておきます。

今まで私自身「真贋」、「本物、偽物」と安易に使用していました。しかし、このアーティクルでは、頻繁に使用する「オリジナル」「レプリカ」「コピー」「モデル」「イミテーション」「真」「贋」「本物」「偽物」の言葉の意味をはっきりさせておく必要があります。辞書にあるような客観的な意味合いではなく、ヴァイオリンそのものを主体として捉えるとそうなってしまう、業界用語だと思ってください。

「レプリカ」　銘器を傍らに、「形」（パターン、アーチ、スクロール、ƒ孔）、「外観」、「厚み」など、すべてをそっくり真似て作る複製ヴァイオリンに使用する言葉。ニスの色合いを同じにするのは当たり前のことで、わざわざ継ぎネックをしたり、バスバーを1〜2度交換したり、傷跡までそっくり同じように残すような精巧なものもある。モダン、コンテムポラリー・メーカーが製作。オールド・メーカーは真似をされる方で、作る立場にはいない。音に同一性は無いが、古い作品ほど本物に近い音になる。古く見せかけるため、薬品で木地を焼いてしまうものも存在し、そのような作品は2〜3年で音が死んでしまう場合もある。マスター・メードであるが、作者自身ではない、被レプリカ・ヴァイオリンの偽造ラベルが多い（Ⅱ章（4）−②参照）。

「コピー」　「形」の大枠はそっくりだが、ニス、その他の細かい部分には作者のオリジナリティーが反映している。外観にいたずらは無い。オールド、モダン、コンテムポラリー・メーカーに普遍的である。レプリカと同じような音の経年を辿るが、結果として、コピーの作者固有の音を持つべく工夫が施されていた、と言ってもよい。マスター・メード

に使用する言葉。大半は作者自身のラベルだが、被コピー・ヴァイオリンの偽造ラベルを一緒に貼付する場合もある。

「モデル」　「パターン」（**基礎編p.24参照**）のみ、もしくは極めて大雑把に形を似せた、作りの甘いヴァイオリン。レベルの低いマスター・メード、ファクトリー・メード、工房製に使用する言葉（**Ⅲ章（5）**参照）。「Stradivari」「Guarnerius」「Amatus」「Stainer」などの印刷ラベルが多い。

　以上三つの意味合いは、**Ⅰ章（3）**−⑦⑧とはニュアンスが違います。ご留意ください。

「イミテーション」　レプリカやコピーとは違い、ただ単に**古色塗り**をしてあったり、木地に薬品を施したり、わざとあちこちに傷をつけたりするような、古いヴァイオリンに見せかけるための**いたずら**をしてあるヴァイオリンに使用する言葉。マスター・メードも稀にあるが、半手工のファクトリー・メード、工房製が大半。適当なオールド・メーカーの偽造ラベルを貼付してある。精巧なラベルが多い。

「真贋」　「贋」の反意語として選ばれた言葉が「真」で、「真」（**オリジナル**）はその作者自身が作ったことを言う。「贋」は「真作」を真似たものであり、通常はレプリカを指すが、レプリカに近いコピーも範疇に入る。製作者は単に贋（似せ）ただけで他意は無かったかもしれない。よってそれが偽られ、真作として売買された時点で初めて「**贋作**」の汚名を着せられることになる。

「本物」　売買時、もしくは売買以後に発生する言葉。意味は文字のとおりで、正しい作者名で売られたヴァイオリンを指す。弟子の作った作品でも、師匠が自作として売れば、それも「本物」ではあるが、「**真正**」とは言わない。

「偽物」　売買以後に発生する言葉で「本物」の反意語として使われる。購入後、本物ではないことが分かった時、つまり売り手の言った作者名でなかった時に初めて使われる言葉。「**贋作**」のみならず、「**全く別物**」も範疇に入る。「偽物」とは言っても、たとえファクトリー・メードであったとしても、誰かの作った「真作」であることに間違いはなく、更に「格上」も存在する。格下を格上の値段で売った時に初めて「偽物」の烙印が押され、問題化するのが一般的。

　格は「本物、偽物」論議において、最も重要視される裁定基準です。

ここに、作者の特定が叶わなかった銘器があったとします。しかし結果としてそのヴァイオリンが、スクール、年代、音、作りの巧さ、美しさなどすべての点から、例えば格⑩のエンリコ・チェルーティ（Ⅲ章（2）表2）に匹敵していれば、チェルーティと同じ値段、1500万円で売却してもおかしくはありません。言い換えれば、もし鑑定ミスをして「偽物」を売ってしまったとしても、それが同格の銘器であるのなら、売り値は正しかったことになります。そのような場合、売り手を偽物売りと決めつけるのは少し酷な話かもしれません。「偽物」ということで問題にするか、「同格」のヴァイオリンだからそれでいいや、と許すのかは、買い手の判断次第になります。

　元を辿れば「偽物」という存在は皆無であり、作者が分かろうが分かるまいが、どの道「偽物」は誰かの作った「真作」であることに変わりはありません。したがって鑑定の世界では、作者を特定できる力に加え、数多存在する作者不明ヴァイオリンの格付けができる能力をも要求されます。「偽物」と判断するのはたやすいとはいえ、ではどのように偽物なのか、別の誰の作品なのか、作者が分からなければ、どのスクールの何年頃の作品なのか、作りはどの程度なのか、だから"いくら"なら妥当なのか、等々、相手を納得させられるようでなければ、鑑定人としての資格はありません。鑑定人として更に大切なことは、作者名が分からない時は「分からない」とはっきり明言できる勇気と自信とを持ち合わせていることです。そのような真摯な姿勢の中に一流ディーラーたる所以が潜んでいるのです。唯単に「本物」「偽物」としか言えないメーカー、ディーラー、プレーヤーは鑑定の何たるかを全く分かっていない人達ですし、そういう人達は、ヴァイオリンに対する知識そのものも曖昧なはずです。

　では「**偽物……されど本物**」をキー・ワードに、皆さんを鑑定の世界に誘うことにいたしましょう。

（1）鑑定の手順と方法

　鑑定眼を養うには、ヴァイオリンをたくさん見る他に術はありません。数千本では全く足りず、万単位に接することで、ようやくヴァイオリンというものが見えてきます。漫然と、ただたくさん見ていても仕方ありません。本物に接し、スクールあるいは国籍、製作年などを頭にたたき込みながら、その都度、そのヴァイオリンに関する文献、図鑑類を漁り、知識を蓄積する必要があります。外国語（英語、独語、仏語）の文献が多い以上、語学力をも要求されます。しかし、それでもそれは単なる必須条件に過ぎません。

　また、銘器ばかり見ていたのでは鑑定人にはなれません。ファクトリー・メード、工房

製、マスター・メード、オールド、モダン、コンテムポラリー、古楽器、更にはお化けのような駄作までもと、ありとあらゆる種類のヴァイオリン族に接することで、ヴァイオリンを見る眼はゆっくり養われていきます。

　長い経験に培われた、膨大な知識を駆使し、艱難辛苦の中で複雑に絡み合った糸を解きほぐし、ようやくターゲットを発見した時の喜びは曰く言い難いものがあります。思わず"にんまり"……眼が＄マークに変わるのもこの瞬間です。真の鑑定人たる一流ディーラーは、名探偵であり、シャーロック・ホームズ、金田一耕助、浅見光彦などと同じ"犯人は誰だ！"の世界に生きています。

　鑑定人になるためには、個々のヴァイオリンの形、ニスの色調を一瞬のうちに眼で覚えてしまう特殊な能力が求められます。さながら写真機のようにです。しかし、その程度の能力では鑑定人としての大成はおぼつきません。

　カリスマ的な鑑定眼のみならず、市場のこと、音のこと、演奏のこと、歴史学的なこと、物理化学的なことなど、ヴァイオリンに関するありとあらゆる普遍的なことどもに通暁している一流ディーラーを、私共は「**エキスパート**」と言います。エキスパートが、普通の鑑定人と違うところは、各作者の「**作風**」……いうなれば作品全様から醸し出される作者特有の雰囲気……を読み取れる才能を持っていることにあります。形体上の個性の表徴を発見、記憶できるだけでも、それは大した能力とはいえ、それだけでは町の鑑定家で終わってしまいます。"作風を感じ取る"、それは一種の「**勘**」なのですが、勘が働くか働かないかが優劣を決定づけてしまうという、まことに不条理な世界に身を置くのが鑑定人達です。勘が働かなければ飯の食い上げです。

　生涯に、少なくとも３〜４回は、パターン、形を替えたり、コピー、レプリカも製作したり、気紛れに全く別物を作ったりするのがメーカー達で、そこに上手下手の区別はありません。各メーカーが、一生涯、自分固有のパターン一つを貫き通してくれれば鑑定は容易でしょうが、そうではない所に鑑定の難しさがありますし、後世のメーカーによるコピー、レプリカも侮れません。しかし、パターン、形をいかに替えて作ろうと、そのメーカー独特の作風というものが底流には存在し（**基礎編**p.88参照）、その枷からはまた、一歩も踏み出せない宿命を背負っています。それは、メーカー自身気付いてないところかもしれず、それを見抜いているエキスパート達は、作者自身よりその作品を理解している、とも言えるのです。メーカーの方々には怒られるかもしれませんが、「釈迦の手の内の孫悟空」とでも言っておきたいほど、エキスパートたちは優れものです。贋作の専門家ですら、彼らが、いくら巧緻を尽くそうと、到底出し抜けるものではありません。

　「タイムマシーンに乗って過去に戻り、そのメーカーに直接見てもらわなければ本当の

ところは判らない」などと、賢しらに吹聴する人々がいます。彼らはエキスパートの才能を見くびっている人々です。自らの作品を失念してしまうメーカーが昔から存在することすら、そのような方々は知らないのでしょう。25年前、あるイタリアン・メーカーから彼のデル・ジェスのコピーを買いました。10年後、彼が遊びに来た時、たまたまそのヴァイオリンがあったことから、本人に黙って見せました。「随分下手なコピーだな。一体誰が作ったんだい」……という次第でした。天国からストラディヴァリ老をご招待し、「ストラディヴァリ」（**基礎編p.64**参照）を見て貰いましょう。真正なのか、息子達の作ったものか、はたまた弟子のベルゴンツィの作ったものなのか、お受験を願ってみたいものです。エキスパート達は全員100点満点で入学できるはずです。

　良いも悪いも2〜300万本は存在する、オールド、モダン・ヴァイオリンを、1本1本記憶するのは物理的に不可能ですし、そんな必要は毛頭ありません。かと言って各メーカーの、ワン・パターンのみを記憶しておけば、それで済まされるものでもありません。

　結局、**アイデンティフィケイション**（作者の特定。**基礎編p.88**参照）への最短距離は、「作風」を感じ取り、覚えておくことにあります。エキスパートは同じメーカーの真作3〜4本を経験すれば、個々を記憶すると同時に、その作風をも脳細胞に完全にインプットしてしまいます。以後、学習のための積み増しは要りません。どのようなかたちでインプットしたにせよ、学習した作者のヴァイオリンは、一見しただけで特定できるのがエキスパートの才能です。幸い、市場に流通している主要なオールド、モダン・メーカーは約1000人、うち名人は約650人に過ぎません。この数であれば、作品、作風を記憶するのは人知の可能とするところで、80％以上の確率で作者の特定に成功し、ほぼ100％の確率で、スクール、格の特定に成功しているのがエキスパート達の日常です。

　エキスパートでも、未経験のヴァイオリンに出会えば、アイデンティフィケイションに時間を費やします。文献、図鑑、自ら蓄積してきた知識、資料を武器に、勘、推理力を働かせながら鑑定作業に入ります。エキスパートはまた、文献、図鑑類、写真などのコレクターでもあります。ロンドンのヒル商会は、自分達の手掛けたヴァイオリンの写真だけで数千枚もコレクションしていました。後に、このコレクションは約2000万円で落札されたほど価値のあるものでした。

　分からないヴァイオリンに出会えば、エキスパートですら文献、図鑑類を頼りにするわけで、そのことは、とりもなおさず才能を持ち合わせない我々凡人でも、そこそこの鑑定人になれることを示唆しています。**基礎編p.88**で少し触れた「系列からのアプローチ」がそれで、ヴァイオリンをたくさん見る経験に恵まれてさえいれば、文献、図鑑類から得られる情報を駆使し、アイデンティフィケイションに成功するチャンスは必ず巡って来るは

ずです。

　この項ではアイデンティフィケイションを目的とした、オーソドックスな鑑定手順、方法を大雑把に披露します。かなり専門的な内容になってしまうのは事柄の性格上お許しください。

　鑑定業には、「その作者ではないことの証明」だけで済ませてしまう簡単な作業もあります。要するに偽物であることを発見すれば良いわけで、中でも「贋」、イミテーションの見分け方はそう難しいことではありません。

　例えば、古そうに見えるヴァイオリンのニスを眺め、濃い茶色や、黒色の部分に注目してみましょう。赤茶系の濃いニスや、ニスにこびり付いた松脂、汗、ニス傷、表面傷などは、長い間放っておきますと徐々に黒ずんでいきます。真正オールド・ヴァイオリンに見られる黒っぽい部分や、黒い点々などは、200年、300年以上もの長い年月を経て自然にそうなってしまった黒色であって、ヴァイオリンに風格さえ与えている、限りなく鈍色に近い黒色です。

　贋作者、フェイカーは当然**古色塗り**を致します。彼らは古さの象徴である黒や、焦げ茶や灰色を呈色させる場合、**煤**や**茶粉**や、タバコの灰などを原材料にします。ニスに煤を入れると10〜20年位の間は、煤の黒はピカピカのいかにも生々しい黒を呈します。ニスを見て、黒色や茶色がいかにも生々しければ、そう遠くない昔か、つい最近煤や茶粉が使われ

写真10

たことになります。そのような偽装を、点々の点一つでもかまいません、たった一つでも看破できれば、すなわちそのヴァイオリンは「贋」、イミテーションであると断定できるのです。その他の判別法はⅢ章（7）a）〜f）を参照してください。特にe）は手っ取り早い方法で役に立ちます。

　ここでヴァイオリンの持ち方を是非覚えてください。ヴァイオリンを手にする時、本体をワシづかみにするようなことは絶対にしないでください。［写真10］のように左手でネックをしっかりつかみ、右手でアゴアテとエンドピン、もしくは裏板の下端をつかみ、軽く支えます。このように持てば、くるくる回しながら、表板、横板、裏板、スクロールを自由自在に見ることができ、本体を傷めません。

［鑑定の手順、方法］

①形、作り、ニスを見る→②ラベルを見る→③サイズを測る→④年代を特定する→⑤細部と文献図鑑類を照らし合わせ作者を特定する

　①→⑤の順に作業を進めます。使用する道具は**カラパス**（スティールの巻き尺）と**ルーペ**のみです。

①形、作り、ニスを見る （基礎編p.24〜p.33参照）

　"形を見る"とは、パターン、表裏のアーチ、横板、*f*孔の形、スクロールの正面、横、裏、をざっと眺め廻すことです。ニスはアルコール系なのか、油系なのか、バルサム系なのか、そして地色、色調も確認するのですが、この段階では大雑把に皮相を見るに留めます。

　学習済みのヴァイオリンであれば、ここで作者は特定できるはずで、表側を一見しただけで作者を特定できるのがエキスパートです。作者が判らなくとも、オールド、モダン、コンテムポラリー、レプリカ、コピー、スクール、そして、作り、年代から、どの程度の格に位置するのか、などはこの段階で判定しておきます。ファクトリー・メード、工房製であれば、この段階で作業は止めます。しかし、優れた工房製（Ⅲ章（5）-②-b））であれば、どこの工房製で、いくらなら妥当なのかはここで決定しなくてはいけません。

②ラベルを見る （Ⅱ章（4）-②）

　①でアイデンティフィケイションができなければ、次にラベルをチェックします。既に触れたように、ラベルがオリジナルであるかの判定は非常に難しく、別のヴァイオリンのオリジナル・ラベルかもしれませんし、贋作ラベルかもしれませんし、別物かもしれません。ラベルはヴァイオリンの判定基準には全くならないのですが、かと言って、完全に無視すべきものではありません。相手を騙す目的でラベルを貼り替えるわけで、そのためには尤もらしさを必要とし、できるだけそのヴァイオリンの外観に似た真正ヴァイオリンのラベルをコピーし、貼るケースが一般的です。つまり、時によってラベルは、ヒント、インスピレーションを与えてくれます。覚えがあるヴァイオリンでも名前をなかなか思い出せないような場合、その作者本人、もしくはそのスクールに帰属する名前などがラベルにあれば、"あ、そうか"と突然名前が浮かんできたりもするのです。②→①の順にする人もいます。

③サイズを測る （基礎編p.18、Ⅱ章（4）－⑥参照）

　①②でアイデンティフィケイションが不成功に終われば、サイズを測ることから本格的な作業が始まります。ここで言うサイズは、**ストップ**と**ボディー・レングス**のみです。既に①②でスクールの見当は付いているとはいえ、大雑把な判断ですし、ニスは塗り替わっているかもしれません。こと、サイズに関しては、人為的な変更は不可能ですし、例外があるとはいえ、各メーカー、スクールに共通するものがあり、サイズの測定は鑑定には不可欠な要素になっています。特に、「その作者ではない」という判断の役に立ちます。

　初めにストップを測ります。ストップが192mm～200mmの間（195mmが正しい）以外のヴァイオリンはここで省きます。売買に値しないのが理由です。

　次にボディー・レングスです。例えば、オールド・イタリアンは351mm～356mmの間にあり、358mm以上であればモダン・フレンチ、モダン・ジャーマンに多く、353mm～357mmの間にほとんどのモダン・イタリアンはあり、などと、蓄積した知識から作者、スクールを絞り込みます。

　G.B.グァダニーニに似ていても356mm以上のボディー・レングスであれば別物であり、**フェルディナンド・ガリアーノ**・ラベルのガリアーノ・スクールであっても、351mm～353mm（ほとんどが351mm）以外であればフェルディナンド以外のガリアーノの作品である、というような消去法にも役立ちます。

④年代の特定

　製作年代の特定は最も重要な作業です。年代が特定できれば⑤の作業で、アイデンティフィケイションの成功率は飛躍的に上昇します。年代の特定能力の有無が、結局、鑑定人として通用するかしないかの境界線になるのです。熟練こそ要ですが、勘という特別な才能を要求される時もあります。

　エキスパートは①の段階で年代を特定しており、その誤差は±10年に過ぎません。彼らがca1800年製と言えば、そのヴァイオリンは1790～1810年の間に作られていますし、1790～1800年と言えば、その間に作られたことに間違いありません。また、研究し尽くされているストラディヴァリなどは、使用木材の木目から、下一桁の年代までをも特定できるのです。最近、**年輪年代学**（Dendrochronology）の研究が発展し、ヴァイオリンの世界でも使用されたスプルースの年代が一年刻みで分かるようになっています。

　彼らは、アイデンティフィケイションに成功していれば、結構アバウトな側面も見せてくれます。例えば、本物名のラベルであれば、それがコピーであっても、ラベルに書かれている年の作品としてさっさと済ませてしまい、小うるさいことなど言いません。学者馬鹿、オタッキーではない、即断即決、自信と思い切りの良さも人間エキスパートの売り物の一つです。

IV 真偽、鑑定の話

　熟練と勘とが年代特定に不可欠である、と言ってしまっては、皆さんには何が何だか分かりません。実は、我々凡人でも、年代を特定できる方法があるのです。ここで、とっておきの秘密のポイントを二つだけご教授しておきましょう。あとは内緒の秘密です。

図4

　一つはパフリングです。できたての名人作のパフリングは一分の隙もなく、ぴったりはまっています［図4］。本体との間に隙間があるようでは一人前のメーカーとは言えません。誕生してから20～30年間は、本体とパフリングの間に隙間は生じませんが、30～50年経ると、本体の伸縮により、パフリングと本体の間の片側に、ルーペで見て確認できるほどの、わずかな隙間があちこちに生じ始めます［図5］。

図5

　70～100年で隙間はもっともっと広がり、ルーペを必要としません［図6］。更に、18世紀のヴァイオリンになると、パフリング自体が歪んだり、隙間が両側に生じたり、浮き上がったりしています［図7］。この**ようなパフリングの動き**に習熟すれば、我々凡人でも20～30年の誤差で、年代を特定できるようになります。気象変化の少ない所では動きのスピードは遅く、激しい所では早くなる、というような年差、ヴァイオリニストが長年愛用したものかどうかなども考慮します。レプリカ、イミテーションの場合、隙間にニスが入っていたり、"万力などで隙間をわざわざ作りました"みたいな作為は容易に区別できます。

図6

　もう一つはニスです。本体のニスは、ウォッシュされたり、ポリッシュされたり、リタッチされたり、コーティングされたり、いたずらされたりしており、"古さ"の判定を困難にさせています。しかし、スクロ

図7

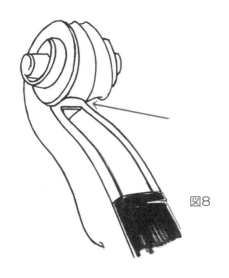
図8

ールの**喉元のニス**［図8］には手が入っておらず、オリジナルのままのニスが残っています。例えば、本体、スクロールのニス、すべてがウォッシュされ、黄〜黄金色の上にコーティングのみされているオールド・ヴァイオリンでも、この部分のニスが赤黒くひび割れていれば、本来このヴァイオリンは、全体が燃えるような真紅のニスに覆われていたことになります。イタリアのオールドならば、即ち、このヴァイオリンは17世紀後半〜18世紀初頭のヴェニス派の作品では、との推定ができるのです。

⑤**細部と文献図鑑類を照らし合わせ、作者を特定する**

①②③でスクールが判り、④で年代が判りました。そしてそのヴァイオリンが、1700年〜1730年の**ミラノ派**（基礎編p.94参照）の銘器ではないかとの見当までは付きました。当時、ミラノにはグランチーノ・ファミリー、テストーレ・ファミリー、ランドルフィ・ファミリー、F.メツァドーリ、ラバッツァ・ファミリーなど、有名なメーカーだけで十数人はおります。この中にきっとターゲットは潜んでいるはずです。たとえラベルがCarlo Giuseppe Testoreになっていても、それは信用できません。図鑑、文献類を傍らに、ヴァイオリンの細部を逐一確認しながら比較、検討に入ります。既にパターン、アーチ、ƒ孔、ニスなどからミラノ派は判っています。ここでいう細部の確認とは、スクロールの形と刃物の持って行き方、エッジの形（三角形、丸型、平坦などいろいろな形がある。［図9］）、エッジの形成の仕方（チャネリングと言います）、ƒ孔のカットの仕方と形、パフリングの幅と"黒白黒"の幅の割合、材質（例えば鯨穂ならばローカントリーズ）、コーナー部のパ

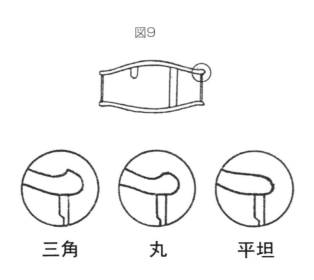
図9
三角　丸　平坦

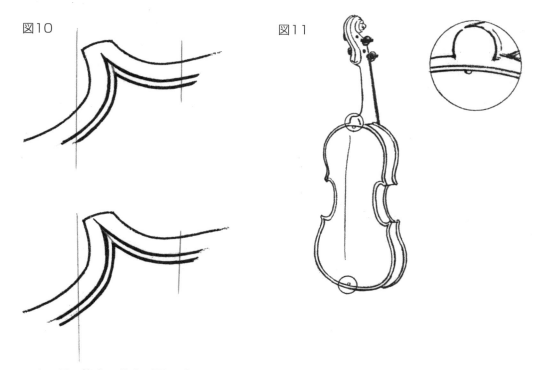

図10　図11

　フリングの接合の仕方［図10］、ニスのヒビ割れ方（ルーペで見る）、固有の癖と特徴、ライニングに使用されている木材の種類（例えばクレモナ派はほとんどが柳で、ガリアーノ派は楓も使用）、表裏上下端にある楔（くさび）［図11］の有無、大きさ、位置、などを精査することを言います。

　結果として、すべての点から、極めて酷似している作者を文献、図鑑類に発見できれば、アイデンティフィケイションに成功したと言えます。そしてその作者の格に応じた値付けができるのです。

　たった1〜2点でも"そうではない"箇所があったら、未だ成功したとは言えません。結局、作者不明のミラノ・スクールca1720年製として世に送り出されます。作りの総合評価から、例えば Paolo Antonio Testore（パオロ・アントニオ・テストーレ）に近ければ、それに準ずる格としての値付けをします。

　商売上、高く売れた方が嬉しいに決まっています。どちらかというと作りの下手なテストーレ・ファミリー、例えば **Carlo Giuseppe Testore**（カルロ・ジュゼッペ・テストーレ）と息子の **Carlo Antonio Testore**（カルロ・アントニオ・テストーレ）の作品には、作りが下手なゆえに、エキスパートですら、どちらか判定し難い場合があります。このような場合、格上のジュゼッペで売れば商売上手、慎重派はきっとアントニオで売ることになるでしょう。ここまでくればミラノ・スクールで売る必要はなく、どちらの作品として売っても、それは正解です。

（2）フェイカーとコピーイスト……製作者の話

　「**フラウダー**」（Frauder, 偽物を売るディーラー）の話は後にまわし、メーカー達の製作に掛ける姿勢、考え方に触れておきます。オールド・ヴァイオリンはさておき、大半のモダン、コンテムポラリー・ヴァイオリンは、誕生の時から既に真偽の問題を包含しているという事実をご理解頂ければと思います。

　ヴァイオリンを弾くだけでは収まらず、製作の世界にまでのめり込んだ人、生活の糧とした人、跡取りとなった人など、メーカーになる動機は様々です。そして、高名を馳せれば、名誉と高収入を約束されるゆえ、一所懸命研鑽し、一騎当千の兵（つわもの）になるべく王道をひた走る真の求道者もいれば、かたや落ちこぼれ、金の亡者と成り果てて、贋作、イミテーションの横道に逸れてしまう者も存在するという、ヴァイオリン・メーカー達の生き様は、正に書画骨董の世界を彷彿とさせます。

　金の亡者に成り果てた贋作者は、レプリカ、イミテーションの製作にのみ血道を注ぐわけではなく、既存のヴァイオリンを改竄（かいざん）するは、贋ラベル作りにエネルギーを費やすは、デタラメな鑑定書を発行するは、鑑定書をすり替えるは、法外な修理代金を請求するはと、金になるなら騙せるだけ騙してしまえという悪徳の権化のようなもので、我々はひたすら恐れ入る他はありません。他人の作った銘器を自作として自慢するような不心得者も当たり前に存在します。そのような魑魅魍魎（ちみもうりょう）たるメーカーを、我々は「**フェイカー**」（Faker, fake は"騙す"の意）と蔑称しています。フェイクには「模倣する」という意味もあり、模倣すること自体に悪意は全く無いのですが、いずれにせよここでは、対極に存在する真のメーカーを「**メーカー**」とカッコで括ることにしておきます。

　フェイカーはオールド時代（**基礎編**p.80〜81）には見当たらず、19世紀中過ぎからその存在が目立つようになります。しかし、何と言っても第二次世界大戦後のコンテムポラリー時代に入ってからの増えようは半端ではありません。フェイクの技術、アイディアも昔とは違い飛躍的に進歩しており、始末の悪い事この上なしです。イタリア、フランスのメーカーにも存在するとはいえ、フェイカーの大半がドイツ系（**基礎編**p.102）、ハンガリアン、ブリティッシュ・メーカーなのは、「イタリア製」以外はヴァイオリンではないと誤解している買い手の側が、いわば勝手に作り上げてしまった架空の金字塔に対する"皮肉"、あるいは"ひがみ"が成せる業なのかもしれません。国民性には由来しない世界がここには展開しています。

　Ⅱ章で触れたように、ヴァイオリン鑑定の公な機関は皆無ですから、フェイカー達はモグラ叩きのモグラのようなもので、叩いても叩いても懲りもせず、西に東にその厚顔をさ

らけ出し、せせら笑っているのです。

　ドイツ在住のフェイカー氏の仕事ぶりを紹介しましょう。「**Geigenbaumeister**」（ガイゲンバウマイスター、ドイツ国家から与えられる「**親方**」の称号）の肩書きを取り損なったとはいえ、極めて優秀な製作者に変わりはない彼は、兎にも角にも一流ディーラーを欺けるだけの贋作の完成に30年間もせっせと精を出しています。彼の言い分をまとめれば……「俺の技倆はストラディヴァリ以上である。しかるに俺のヴァイオリンを一流ディーラー共は一本たりとも扱ってくれない。プレーヤー共は、何で新作ですらイタリアン・メーカーばかりをもてはやすんだ。俺の方が作りは巧いし音も良い。そして何よりも安い。くだらない作品の多いオールド・イタリアンがなぜ高嶺の花になってしまうんだ。一流ディーラーよ、プレーヤー共よ、俺はお前らを欺いて"ざまぁ見ろ"と言ってやりたいんだ」ということになるようです。自作の素晴らしいヴァイオリンが、ただ単にドイツで作られたということだけで、思うように売れないことから、徹底したひがみ根性が芽生えてしまったのでしょう。今や大金持ちの彼の場合、金の亡者というよりは、"ひねくれ者"のレッテルを貼った方が正しいのかもしれません。彼はオールド、モダン・ヴァイオリンも手広く売買するフラウダーでもあります。

　17〜18世紀の先輩達が築き上げた偉大な遺産にあぐらをかき、下手でも、大した音がしなくとも、単にイタリア製ということで技量に見合わない高値で簡単に売れてしまう、モダン、コンテンポラリー・イタリアン・メーカーの幸運を目の当りにしていれば、彼ならずとも頭にきてしまうのは当然のことだと思います。出来の悪い習作ですら、出来る端から売れまくり、たちどころに大金持ちになってしまうイタリアン・メーカーにフェイカーが少ないのは尤もなところです。

　件のフェイカー氏は、エンド・ユーザーには、詐欺行為で訴えられる危険を避けるため、自作ラベルのオリジナルか、オールド、モダン・ヴァイオリンを紹介、自作のレプリカ、イミテーションの販売はもっぱらディーラーのみを対照とし、イミテーションとレプリカを巧みに使い分け、ディーラーを誘惑します。

　初めて訪れたディーラーにはまずイミテーションを披露します。彼のイミテーション・ヴァイオリンは、何種類かのパターンを自ら設計し、大量に工場で作らせた白木の半手工品（Ⅲ章（5）−①−b）で、入手後彼自身がオールド・ヴァイオリンに見せかけるべく古色塗りや"いたずら"をした代物です。普通のディーラーには真正オールドに見えてしまうことでしょう。オールド・イタリアン名の偽造ラベルも見事なものです。彼は「このヴァイオリンは私の作ったイミテーションで定価はDM.8,000ですが、ディーラーには半値のDM.4,000で卸しています」と持ち掛けます。白木での原価はたかだかDM.400ですが、彼の

行なうフェイクの手間、仕上りの良さを見ればDM.8,000でエンド・ユーザーに売る分には申し分ない出来栄えです。

しかし、DM.8,000で売って儲けてくださいよ、と言うのは立て前で、これを見たディーラー達が、欲にくらみ、偽造ラベル名の真正、もしくはスクール物として高値で売り捌いてくれればというところに本音はあるのです。つまり、市場を混乱させたいわけです。そのため、イミテーションの実際を工房でお披露目します。表板をオープンしてわざわざバスバーを交換したり（オールド、モダン・ヴァイオリンのバスバーは必ず交換されている）、表板を割ってクリーツを貼ったり、薬品を塗布して古色塗りをしたり（薬品を塗布する彼のイミテーションは2〜3年後には音量が極端に落ちると同時に、ジョイントが必ずはずれてしまう）、ひっかき傷を付けたり、エッジを金鎚で欠いて付け直したり、継ぎネックをしたり、ペッグ・ホールに穴埋めをしたり、と古く見せかける手法を散々見せつけます。つまり、これ位凝ったイミテーションだから、真正のオールド・イタリアンだと偽って売っても、そうそうばれることはありませんよ、との暗示をかけているのです。

更に紅茶などを使った精巧なオールド・ラベルの作り方までをも教えます。悪徳ディーラーであればこの時点で「たったDM.4,000の投資がDM.100,000に大化けする——！」と心踊らすことでしょう。彼のイミテーションの犠牲になってしまったエンド・ユーザーが日本のみならず、欧米にもまたがっているのには驚かされます。どこの国のディーラーから購入しようと、ヴァイオリンは、一流ディーラー、信頼の置けるディーラーから求めるべき所以の一つがこのようなところにもあるのです。彼は、かくのごとくフェイクのすべてを自らさらけ出しますから、初めて会ったディーラーは彼に好感を持ちます。ここが彼の付け目なのですが、いかにも職人らしい正直者に見える彼の底意は、この段階では見抜けるはずもありません。

イミテーションを紹介した後、「私はモダン・イタリアンが大好きでたくさんコレクションしています。是非ご覧になってください」と、別の部屋に案内します。アントニアッチ、ファニオラ、ビジャック、ロッカ、プレッセンダ、ソフリッティ、スガラボット、ポッジなど、錚々たる銘器が陳列してあります。「少なくとも5〜6年前に購入したものを今売りに出すので、値段は破格に安いんです」と、相場の1／3位の売り値を提示されれば、居合わせた人はそれこそ宝の山にぶち当ったと随喜の涙を流すことでしょう。これが彼の仕掛けた罠なのです。イミテーションは偽物、だけどこちらは本物、と思わせる術中に客は完全に嵌まってしまいます。何せ彼の売るモダン・イタリアン・ヴァイオリンはすべて彼の自作のレプリカなのですから。

ヴァイオリンを見て、一流ディーラーは、即座に彼のインチキ性、底意地を見抜き、取り引きを中止するはずです。しかし、そこそこのディーラー、メーカーには完全に本物に見えてしまう程のレプリカです。しかも、彼はこれらレプリカの外観に"いたずら"はせ

ず、極めて保存状態の良い、コレクター・ピースの真正ヴァイオリンとして売り込みます。"いたずら"をしてあることから、レプリカ、イミテーションであることがばれてしまう危険性を回避するためですが、技術的に難しいオールド・ヴァイオリンを避け、年代の若い、しかし高額の、モダン・イタリアンのレプリカに目を付けた彼は"オリコウサン"です。彼の秘密の裏工房には偽造スタンプ、偽造ラベル、真正モダン・イタリアン・メーカーの内枠(パターンの枠木)などが所狭しと並んでいます。

彼は「ディーラーは騙しても良し。勉強不足の賜物なのだから暴けない本人が悪い」と割り切っています。しかし、たかだかDM.8,000の価値しかないコンテンポラリー・ヴァイオリンを5〜20倍の値段で、しかも本物として買わされてしまうかもしれないエンド・ユーザーはたまったものではありません。何しろ責任を負わされるディーラーも真正だと信じているわけで、将来のすったもんだは見え見えというわけです。

「スイスのメーカーがアントニアッチのヴィオラを売りに来たんだけど、それは僕のレプリカだよ、と教えたらヨレヨレになって帰って行ったよ」といった類の自慢話に終始するフェイカー氏は、"アホ"なディーラーを手玉にとる愉快犯なのでしょうか、それとも真の犯罪者なのでしょうか。

属する系列に共通する作風を備えているとはいえ、パターンなど、基本的な部分にも、各自のオリジナリティーを大胆に強調しているオールド・メーカーをコピーイストとは言いません。稀にそっくり真似ても、それは1〜2本の例外に過ぎません。

音のためには先達の銘器のパターン、アーチを真似せざるを得ない立場に追い込まれた「メーカー」を「**コピーイスト**」と言います。結果として真似たことになってしまうことも考慮すれば、モダン、コンテンポラリー・メーカーの大半はコピーイストであると言っても良いはずです。コピーではあっても、フェイカーとの決定的な違いは、自作であることを謳い、作品に誇りを持っていることです。精巧なレプリカの完成には彼らも一、二度は挑戦しているはずで、そこには何の後ろめたさもありません。

すべてのメーカーは習い始めの一時期、銘器を真似ることに終始します。銘器とはどのようなものか把握することから始まり、より良い音を求め、そのあたりから自分のオリジナリティーをおっかなびっくり付け加え、我こそはと誇るべき世界一のヴァイオリンを編み出すべく、粒々辛苦の世界に足を踏み入れます。一つの形に成功すれば、更により良い形を求めるのが「メーカー」の本来の姿勢です。しかし、中原に近づけば近づく程、そこには、いかんともし難い厚い壁が立ちはだかっていることに気付きます。後世のメーカー達がお気の毒な理由は、「良い音」を創り出す形が、19世紀初頭までに出尽してしまったことにあります。試行錯誤をいくら繰り返しても、結局先達の編み出した、いずれかの形に行き着いてしまい、改革の余地が全くないことに遅かれ早かれ気付くのです。

一つの「良い音」で、つまり一本のヴァイオリンで、音楽は賄えます。しかし、一つの形から創り出せる「良い音」は一種類で、その他の「良い音」は、その他のそれぞれの形にしなければ創り出せないことがはっきり認識されたのは、150年程前からのことであろうと私は推定しています。「良い音」を求めないのであれば、外観上、個性に満ち満ちたヴァイオリンを創作できるでしょうが、ヴァイオリンの命は飽くまで音にあり、それゆえ、形の上での制約が生じます。何も、ストラド、デル・ジェスの形のみが「良い音」を創り出しているわけではありません。ベルゴンツィ・ファミリー、メツァドーリ、グァダニーニ・ファミリー、バレストリエリ、ストリオーニ、ロッカ・ファミリー、モンタニャーナ等々、両者に続く後世のメーカー達は、また、独自の形を編み出し、両者とは別の「良い音」を創造しているのです。

　自らの、こうあるべき、と思う音を追求しても、その音はどの道、先達の誰かが創り出したものと同じになってしまうという繰り返しの歴史が、モダン、コンテンポラリー・メーカーに、ある種の諦念を植えつける結果となり、大半の「メーカー」がコピー、レプリカの世界に追いやられてしまったのです。

　そのような心の領域に到達したコピーイストは立派な真の、「メーカー」です。したがって作品は秀麗ですし、決してオリジナリティーを忘れているわけではありません。音を規定するパターン、アーチ、ƒ孔はコピーするにしても、その他の部分にはたっぷり個性が表徴されており、そのような全体から、各メーカーの作風も感じ取れるのです。しかし、コピーを意図しようがしまいが、大半のモダン、コンテンポラリー・「メーカー」の作品は、結果としてコピー、レプリカ物になってしまうことになり、そこにフラウダーの付け入る隙が潜在しているわけです。

　コピーイストを代表して**アンニバーレ・ファニョーラ**（1865〜1939 Torino）を紹介しましょう。モダン・イタリアンを代表する名人の一人です。以下ファニョーラと略します。

　師匠がいなかったせいもあるのでしょう、彼には定番のパターンも無ければ、新しい形への挑戦すらしなかった典型的なコピーイストです。トリノで育った彼ですから、トリノ・スクールのグァダニーニ、プレッセンダ、ロッカの作品に思い入れがあったのは当然なことでしょう。ひたすら先輩3人のコピー、レプリカを作り続けました。結果として彼の作品はトリノ・スクールの系列に入りますが、ストラディヴァリのコピーを初期の段階で製作しているのは世の習いというところでしょうか。

　彼は自分のラベルと、コピーしたメーカーのラベルの2枚を貼る習慣があり、更にもう一枚、自分のラベルを左アッパー・サイドの内側に貼るか、そこにサインをしています。ヴァイオリン本体はそっくりのコピーですが、スクロールは彼独特の美しい形をしています。ニスは堅目のピンクがかった赤色が主体で、このニスの色から彼の作品であることが

IV 真偽、鑑定の話

はっきり分かります。厚みやニスが厚過ぎるものがたまにあり、かんばしくない音の作品も散見できます。特にプレッセンダ・コピーの音に「良い音」を経験したことはほとんどありません。ロッカ、ストラド・コピーの方が音は良く、特にグァダニーニ・コピーはすべてが申し分ない音を備えています。

このように言ってしまっては、彼の高い知名度の所以が乏しくなってしまいます。……実は、彼をモダン・イタリアン最高のメーカーの一人に押し上げたのはレプリカの存在にあります。彼のプレッセンダ、ロッカのレ

写真11　Annibale Fagnola1910．プレッセンダのコピー

プリカは、外観、音共にすべて先達と同じで、ファニョーラのラベルを剥がしてしまえば、どちらの作品か全く分からなくなってしまう程のものです。グァダニーニのレプリカは、さすがに地色までは同様ではないにしても、その力強い音は、近未来の真正グァダニーニを予感させます。なぜかストラディヴァリのレプリカは製作していないようです。

残念なことに、フラウダーの手により、ファニョーラ自身のラベルを剥がされてしまったレプリカが多く、ファニョーラ作としてのレプリカには滅多にお目にかかれなくなりました。多くが真正のプレッセンダ、ロッカ、グァダニーニとして売買されてしまっているのでしょう。本人に他意は無く、純粋にコピー、レプリカに挑戦し、王道をひた走った名人達も、他人の手によって"贋作者"にされたのでは、いても立ってもいられない天国の生活でしょう。

昔、ドイツのフリドリン・ハンマ（基礎編p.102）が、ファニョーラから直接購入したプレッセンダのレプリカを扱ったことがあります。私共が入手した時には既にファニョーラ

写真12　Annibale Fagnola 1908、G.B.グァダニーニのレプリカ。表面傷もファニョーラがつけた。

のラベルは剥がされ、プレッセンダのラベルのみが残っていました。正にプレッセンダなのですが、ハンマの鑑定書にはファニョーラの真作で、自分が1928年に直接購入、と書かれていました。私共からこのファニョーラを購入したヴァイオリニストが、5年後、アメリカのマイナーなディーラーからニコロ・アマティを購入した際、下取り用にこのファニョーラを見せました。彼女が何をも言う前に「Oh, nice Pressenda」と勝手に決め込んで5万ドルで下取ってくれたと大喜びの手紙をもらったことがあります。彼女が私に支払った金額はたったの1万ドルでした。きっとこのファニョーラは、真正プレッセンダとして世界のどこかに鎮座ましましていることでしょう。

　ストリング誌上で「カメレオン遁走記」を連載された名ヴァイオリニスト、後藤龍伸先生所有のファニョーラも、見事なプレッセンダのレプリカです。真正プレッセンダもタジタジの素晴らしい音がします。このプレッセンダ・ラベルの銘器は、クリスティーズ（オークショナー）のカタログに「プレッセンダ・スクール」のタイトルで紹介された作品です。カタログに載ってはいましたが、最終的にはオークションには出品されませんでした。次のようなエピソードがあったのです。

　プレビューで、本物のプレッセンダではないかとのささやきが多く、クリスティーズは心配になり、一旦出品を取りやめ、改めて鑑定し直そうということでピーター・ビダルフ（II章（6）―B）に再鑑定を依頼しました。そのような事情で、たまたまピーターの手元にあった時、私から電話が入りました。「ピーター、ファニョーラを持っているかい？」。

IV　真偽、鑑定の話

コレクションしていたファニョーラを売ってしまい、新たにファニョーラを購入しようと世界中の友達に声を掛けている一環でした。「プレッセンダ？　プレッセンダ・スクール？　ファニョーラ？……プレッセンダ？　ファニョーラ……？？」と散々悩んだ末「結局ファニョーラ！」とアイデンティファイし終わったちょうどその時、電話口でいきなり「ファニョーラはないかい」という声が飛び込みましたから、慌て者のピーターは思いっきりうろたえてしまいました。「Yuko，プレッセンダ、いや違った、プレッセンダかもしれないプレッセンダそっくりのファニョーラが、プレッセンダ・スクールなんだけどファニョーラだと思えるファニョーラのプレッセンダが手元にあるぜ」……？と訳の分からないことをごちゃごちゃ言い出しました。プレッセンダそっくりのファニョーラがあり、ファニョーラとしての鑑定書を発行してもいいし、もう少し高く売りたかったらプレッセンダ・スクールとしての鑑定書を発行してもいい、と言いたいのだなと分かったのはしばらくしてからでした。

　「ファニョーラの値段を払うのならクリスティーズに交渉して、多分オーナーから直接買い取れるがどうする？」とピーター、「OK，早速買うからすぐ交渉してくれ。鑑定書をどちらにするかは買った人の意志にまかせよう」とYuko。「Exactly、それが一番いい」とピーター。

　結局このファニョーラはセール前に私共の手に入ることになりました。

　ファニョーラはエキスパートのピーターをもうろたえさせてしまう、素晴らしいレプリカを作ったのです。

　コピーイストの名人はレプリカの製作にも長けており、その技術の正確さは、フェイカーの及ぶところではありません。自作として世に送り出された、芸術品とも言うべきこれらのレプリカの大半が、フェイカー、フラウダーの手によって、対象となった真正ヴァイオリンとして売買されてしまい、なかなか真正レプリカに巡り会えないのは悲しいことです。

（3）ヴァイオリンの国籍
（Country of Origin　基礎編Ⅶ章参照）

　一般のエンド・ユーザーの方々は、ヴァイオリンの国籍をかなり気になさいます。中国製、イタリア製、ドイツ製、フランス製、チェコ製、ハンガリー製、アメリカ製、イギリス製、オランダ製、日本製などがよく耳にする国籍でしょうか……。「イタリア製」を紹介すれば敏感に反応される皆さん方ですから、ここではイタリアに国籍を絞り、ヴァイオリンの国籍とは一体何なのかを考証してみたいと思います。

結論として、国籍などというものは、いかにも曖昧なもので、イタリア製以外のヴァイオリンもイタリア製と何ら変らないことに気付いていただければと思います。そして、そういう意味での理解が日本中に広まれば、偽物の横行に歯止めをかけられるでしょうし、皆さんがどこのお店で購入なさろうと、正当なヴァイオリンを正当な値段で、安心して買えるような革命的な世界が展開されるであろうと私は確信しています。

　基礎編Ⅶ章をご覧いただきたいのですが、便宜上、国ごとに大別はしましたが、意図する系列（スクール）は都市を対象にしています。一流ディーラーはヴァイオリンの価値を国単位などでは考慮はせず、個々の作者、作品、スクール単位で決定しています。

　どこの国にもイタリアの名人なみの作者は存在し、国単位でヴァイオリンの価値を差別するなど笑止千万、それこそヴァイオリン製作の世界を冒とくする行為だと言えるでしょう。同じイタリア製を考えても、クレモナ・スクールとフィレンツェ・スクールとではその実力、値段には雲泥の差があります。そして、フィレンツェ・スクール、ローマ・スクールの大半は、例えばダッチ、フレミッシュ・スクールよりその実力は低レベルにあり、ましてブレッシャ・スクールなどは問題にもなりません。しかしこれらも「イタリア製」なのです。

　確かにオールド・ヴァイオリンの頂点に存在する作品の大半はイタリア生まれの人の製作によるイタリア製ですが、それはごくごく一部であり、**基礎編Ⅷ章**（31）で触れたとおり、17〜18世紀の間に活躍した50人足らずです。彼らを「**イタリア50人衆**」と私は言いました。イタリア・ヴァイオリンを金科玉条とされるのは皆さんの勝手ですが、そのような名声を築き上げたのは、ヴァイオリン製作のルネッサンスと言われる一時期に輩出した「イタリア50人衆」の作品のみであって、我々一般人ではとうてい手の届きそうにもないところにいらっしゃる「イタリア製」なのです。彼らの素晴らしい伝統は、何もイタリア人のみが継いだわけではなく、18世紀後半以降のヨーロッパ中のメーカーも同様にその素晴らしさを踏襲していることを忘れてはいけません。

　実際、「イタリア50人衆」以外のオールド・イタリア・ヴァイオリンの実力は、その他の国の銘器と同等か、より低レベルにあります。3000万円以上はする「イタリア50人衆」の相場は、確かに実力に見合っていると言えるでしょう。しかし、その他のイタリア製の相場は、モダン・イタリアンの一部を除いては、その実力とはおよそかけ離れていることを改めて強調しておきます。300万〜1000万円のオールド・ヴァイオリンを比較した場合、イタリア製より良い音のするヴァイオリンは、イタリア製以外の方にたくさん存在しています。そして大半は800万円以内で購入できるはずです。音量もあり、シルバー・トーンをも持ち合わせている真正オールド・ヴァイオリンを求めるのであれば、1000万円以内ではイタリア製以外のヴァイオリンを求める他に術はありません。ところが飽くまで1000万円

のオールド・イタリアンに固執するゆえに、200〜300万円で買えるはずの、例えばオールド・ジャーマンをイタリア製と偽わられ、1000万円もの大金を払い、700万円を捨ててしまうことになるのです。「ドイツ製でも良し」としておけば、その「良い音」は300万円で容易に買えるということなのです。1500万円以上の予算があれば、フランスのJ.B.ヴィヨーム、ニコラ・リュポ、そしてドイツのシュタイナー以外はすべてイタリア製になってしまいますから、是非もなく、「良い音」のイタリア製が購入できるのですが。

　イタリア製であればプレミアムが付き、実力以上の相場で売買されてきたという長い歴史に培われた、既に出来上ってしまった市場の流れは、一流ディーラーといえども崩すことは不可能で、一般的にイタリア製が割り高なのはやむを得ない実情です。

　そして何よりも「イタリア製」というだけで、他国のヴァイオリンには見向きもせず、冷静な判断をもすることなく、イタリア製の購入に走ってしまう日本のエンド・ユーザーの姿勢が問題なのです。日本では「イタリア製」の一言は、商売をとてつもなく容易にしてしまいます。日本では一流ディーラーが貧乏で、フェイカー、フラウダーが大金持なのをご存知でしょうか。

　1000万円のオーダーがあったとします。是が非でもと言われ、1000万円の真正オールド・イタリアンも紹介するとはいえ、大概は音量に難点を抱えていますから、当然実力のある他国の銘器や、1000万円はしないモダン・イタリアンなども一緒に紹介することになります。そのような場合、一流ディーラーは、イギリス製はイギリス製、フランス製はフランス製、オランダ製はオランダ製と偽ることなく紹介します。しかし、残念なことは、他国のオールド、500〜600万円のモダン・イタリアンの方が格段に「良い音」がしているにもかかわらず、全く耳を貸さない人々が多く、日本の一流ディーラーは思ったようにヴァイオリンが売れません。どうしても1000万円払いたいのでしょうか、オールド・イタリアンを求めてあちこちのお店を漂流し始め、結局、偽物をつかむ危険に曝されてしまうのです。無論、音量のない真正オールド・イタリアンの購入はさすがに控えてのことです。かたやフェイカー、フラウダーは「良い音」さえしていれば真正ドイツ製でもイタリア製、真正フランス製でもイタリア製、真正イギリス製でもイタリア製と、紹介するヴァイオリンはすべて「イタリア製」にしてしまいますから、流れるがごとくヴァイオリンを売り捌けます。その利益たるや大したものなのでしょう。何せ商売を始めて1〜2年後には、間違いなくベンツ君を乗り回している彼らですから。

　欧米の一流ディーラーの皆さんが裕福なのは、イタリア製に固執することなく、実力のあるヴァイオリンをなるべく安く買おうとする、買い手の正しい姿勢が徹底しているからに他なりません。皆さん方には、もう少し、ほんとうにもうちょっとで結構ですから、日本の一流ディーラーを裕福にさせてやってほしいものです。

「イタリア製」……それはそれで良いでしょう。しかし、何をもってイタリア製と言うのでしょうか。イタリア生まれのイタリア人がイタリアで作ったヴァイオリンは、まぎれもなきイタリア製でしょう。では、ドイツ生まれのドイツ人がイタリアで作ったヴァイオリンはイタリア製なのでしょうか、ドイツ製なのでしょうか。イタリア生まれのイタリア人がフランスで作ったヴァイオリンはイタリア製なのでしょうか、フランス製なのでしょうか。イタリアで修行した日本人がイタリアで作ったヴァイオリンをイタリア製と言うのなら、その作者が帰国して日本で作ったヴァイオリンは日本製になってしまうのでしょうか。

ひるがえって言えば、「イタリア50人衆」の作風を踏襲してさえあれば、どこの国で作られようと、それは「イタリア製」と言ってもおかしくはないはずです。ちなみにフランス人メーカーの作りの巧さは「イタリア50人衆」にも決して引けを取りません。そして同じような名人は、どの国にも存在しています。

［表6、7］をご覧ください（次ページ）。「作者の国籍（生誕地、人種）」がイタリアでなくとも、少しでもイタリアに関わったメーカーと、イタリア人なのに他国で活躍したメーカーの一部とをピック・アップしたものです。作者の国籍、活躍した国、ヴァイオリンの国籍はまちまちになっています。どちらの国籍をヴァイオリンの正しい国籍にするというような法則は皆無です。「ヴァイオリンの国籍」に「イタリア」が多いのは、イタリア製にしておけばより高い値段で売れるということから、ディーラー・サイドで勝手に決めてしまっただけのことに過ぎません。また、自国人の銘器は誇るに足りますから、例えばイタリア製の範疇に入ってるドイツ人の**ダヴィト・テックラー**の作品は、イタリア・ヴァイオリンの図鑑にも載っていれば、ドイツ・ヴァイオリンの図鑑にも載っているという次第です。

製作地がイタリアでもイタリア・ヴァイオリンではない作者もいれば、ドイツ人が作ったイタリア製もあれば、イタリア人が作ってもイタリア・ヴァイオリンではないものもあります。この表からも、ヴァイオリンの国籍に関する法則は読み取れません。「国籍」とは、かくもあやふやなものなのです。

ドイツ製であろうが、イギリス製であろうが、アメリカ製であろうが、どこの国で作られようが、そもそも「銘器の幹」は「イタリア」にあります。そのような意味では、どこの国の銘器もまぎれもなき"イタリア・ヴァイオリン"なのです。たまたま"イタリア・ヴァイオリン"がドイツ、イギリス、アメリカで作られただけのことだと思ってくだされ ばよいわけです。イタリア製と同じ実力なら、より安く購入できる他国の"イタリア・ヴ

表6　作者の国籍と作品の国籍

作者名	作者の国籍	年代	修行地	活躍した都市	ディーラーの言う作品の国籍
① Medard family（ムダル・ファミリー）	フランス	17世紀	クレモナ	ナンシー（フランス）	フランス
② Mattias Albani（マチアス・アルバーニ）	チロル	1650〜1715	クレモナ	ボーツェン（イタリア）ローマ（イタリア）	イタリア
③ Matteo Goffriller（マテオ・ゴフィラー）	チロル	w.1670〜1742	クレモナ	ヴェネツィア（イタリア）	イタリア
④ David Tecchler（ダヴィト・テックラー）	オーストリア	1661〜1748	ザルツブルク	ローマ（イタリア）	イタリア
⑤ Giuseppe Sneider（ジュゼッペ・シュナイダー）	ドイツ	w.1690〜1725	クレモナ	パビア（イタリア）	イタリア
⑥ Paul Aletzee（ポール・アレッツィー）	ドイツ	1698〜1736	ヴェネツィア	ミュンヘン（ドイツ）	ドイツ
⑦ Michael Platner（ミカエル・プラットナー）	チロル	w.1700〜1755	ローマ	ローマ（イタリア）	イタリア
⑧ Tomaso Eberle（トマソー・エベルレ）	チロル	w.1753〜1792	ナポリ	ナポリ（イタリア）	イタリア
⑨ Jacob Horil（ヤコブ・ホリル）	ボヘミア	w.1720〜1760	ウィーン	ローマ（イタリア）	ドイツイタリア
⑩ Joseph Gaffino（ヨーゼフ・ガッフィーノ）	イタリア	w.1742〜1789	パリ	パリ（フランス）	フランスイタリア
⑪ V.T. Panormo（ヴィンツェンゾー・パノルモ）	イタリア	1734〜1802	クレモナ	パリ（フランス）ロンドン（イギリス）	イタリア
⑫ Giorgio Bairhoff（ジョルジョ・ビアホフ）	ドイツ	w.1740〜1790	ナポリ	ナポリ（イタリア）	イタリア
⑬ J.M. Valenzano（J.M.ヴァレンツァーノ）	イタリア	w.1770〜1830	イタリア	バルセロナ（スペイン）	スペインイタリア
⑭ Nicolo Bianchi（ニコロ・ビアンキ）	イタリア	1796〜1881	ジェノヴァ	パリ（フランス）	フランス
⑮ Piere Pacherele（ピエール・パシュレール）	フランス	1803〜1871	パリトリノ	ニース（フランス）	フランス
⑯ Giuseppe Fiolini（ジュゼッペ・フィオリーニ）	イタリア	1861〜1934	ボローニャ	ミュンヘン（ドイツ）チューリッヒ（スイス）	イタリア
⑰ Luigi Carzoglio（ルイジ・カルツォーリオ）	イタリア	1874〜1944	ブエノス・アイレス	ブエノス・アイレス（アルゼンチン）	アルゼンチンイタリア
⑱ Marco Dovresovitch（マルコ・ドブレソヴィッチ）	モンテネグロ	1891〜195-	ボローニャ	アレクサンドリア（エジプト）	イタリア

表7　アメリカで活躍したメーカーの国籍と作品の国籍

作者名	作者の国籍	年代	修行地	活躍した都市	ディーラーの言う作品の国籍
① Simon F. Sacconi（シモン F. サッコーニ）	イタリア	1895〜1973	ローマ	ニューヨーク	イタリア
② Sergio Peresson（セルジオ・ペールソン）	イタリア	1913〜	カラカスフィラデルフィア	フィラデルフィア	アメリカ
③ Paulus Pilat（パウルス・ピラ）	ハンガリー	1897〜1961	ブダペシュト	アストリア	アメリカハンガリー
④ George Gemunder（ジョージ・ゲムンダー）	ドイツ	1816〜1899	パリ	ロスアンジェルス	アメリカ
⑤ Albert Moglie（アルベルト・モグリー）	イタリア	1890〜?	ローマ	ワシントン	イタリア

ァイオリン"を求めるべきでしょう。[表6、7]の意味をじっくりご理解ください。そして「イタリア製」という国籍で、ヴァイオリンを求めるの愚は、絶対に犯さないでいただきたいものです。「国籍」などというものは、取るに足らない言葉の遊びなのですから。

（4）ヴァイオリンに関する書物を紹介します

17世紀中頃から、ヴァイオリンに関する出版は始まっているようです。以後、19世紀末までに約400冊の出版が確認されています。しかし、信頼の置ける書物としては、1904年に出版された「Die Geigen und Lauten macher vom Mittelalter bis zur Gegenwald,von Lütgendorff」（以下 **"リュトゲンドルフ"** と略）を待つことになります。

リュトゲンドルフのような**ユニヴァーサル・ディクショナリー**（世界中のオールド、モダン・メーカーの名鑑で、数千名に及ぶ各メーカーの履歴、作品を主体に、ヴァイオリンのことを体系的に紹介、解説している辞典）の出現は、ヴァイオリン界に多大な刺激を与え、20世紀初頭からこの種の出版物は幾何級数的に増加しました。リュトゲンドルフは内容もしっかりしており（後の新解明からすると多少の間違いはありますが）、今でも文献、辞典、図鑑、を出版する際の礎の一つになっています。私は1913年の第2版をコレクションしていますが、改正、改訂を重ね、1990年の第6版が一番新しい出版のはずです。

ヴァイオリン、ヴァイオリン族、弓に関する文献、辞典、事典、図鑑類は現在までに約4000冊（オークション・カタログは除く）出版されています。残念ながら玉石混交が実体で、信頼の置けるものは全体の約5％に過ぎません。書物になっていれば何でも信用してしまうという傾向にある業界の方々、特に一般の方々は、ヴァイオリンに関する出版物に接する際は、常に懐疑的であってほしいと思います。そして、購入に当たっては、必ず、ディーラー、エキスパートに相談してみてください。内容が独りよがりなもの、写真の多くが偽物の図鑑など、例を挙げればきりが無いほどデタラメな出版物が多く、どの書物が正しい知識を与えてくれるかはエキスパートの判断を待つしかない世界なのです。先年日本で出版された大著などは悪い例の典型で、全く訳の分からない代物でした。その普遍性の無さ、目を覆わんばかりの内容は、私に「ヴァイオリンの見方、買い方」を書かせる強い動機を与えてくれました。

　ここでは1999年までに出版された、エキスパートたちが座右としている、鑑定の参考になる重要な出版物の一部、そして皆さんの勉強になるであろうもの、文献史上重要な位置を占めるもののみを紹介しておきます。ここに紹介した以外の、ヴァイオリンに関する出版物を一般の皆さんは必要となさらないでください。間違った知識を吸収するという徒労を避けられるからです。

[使用語の説明]

◎文献……　「歴史」「製法」「修理法」「ニス」「スクール」など、特定の分野を専門家の観点から記したもの。研究の参考になる書物。

◎辞典……　メーカーの名鑑。履歴、作品の特徴、ラベル、相場などを記した書物。

◎事典……　ヴァイオリンに関する様々な事柄を順に並べ、それぞれに解説を加えた書物。例えば百科事典。

◎図鑑……　各メーカーの写真も載せてある辞典。一般的に辞典ほど内容は詳しくない。カタログもこの範疇。

◎イコノグラフィー……ヴァイオリンの写真集。
　　　　　　　一人のメーカーを対象にしたもの、もしくは掲載写真が少ない小冊子はモノグラフィー。

（英）－英語、（独）－ドイツ語、（仏）－フランス語、（蘭）－オランダ語、
（西）－スペイン語、（日）－日本語、（露）－ロシア語、（伊）－イタリア語

タイトル、出版年、著者の順。初版と記してあるものは、以後再版があるの意。

[1]「The Violin Makers」（英）   1978 Marry Anne Alburger
現代イギリスのメーカー、ディーラー、クラフトマンを紹介した文献。

[2]「Liuteri italiana dell'ottocento e del novecento」（伊）   1964 Umberto Azzolina
モダン・イタリアの図鑑。何本かミステークがあるが許せる範囲。

[3]「An Encyclopedia of the Violin」（英）   1925 初版 Alberto Bachman
ヴァイオリンの百科事典。弓のセクションもある。

[4]「Le Violin:Lutherie,Oeuvres,Biographie」（仏）   1906 Alberto Bachman
155例のラベルを紹介してある文献。

[5]「De Hollandsche Vioolmakers」（蘭）   1931 Dirk Balfoort
ダッチ・ヴァイオリンを研究した文献。

[6]「How to tell the nationality of old Violins」（英）   1894 初版   Balfour & Co.
イギリス、イタリア、フランス、ジャーマン、ダッチ・オールド・ヴァイオリンの大
雑把な見分け方を書いた文献。

[7]「Practical History of the violin」（英）   1911 Heinrich Bauer
780例のラベルを紹介してある文献。

[8]「Capolavari di Antonio Stradivari」（伊）（英）   1987 Clarles Beare
ストラディヴァリ250年忌に出版された図鑑。専門家を対象にしている。

[9]「Die Lauten und Geigenmacher des Fussener Landes」（独）   1978 Richard Bletschacher
フュッセン・スクールを紹介している図鑑。16〜17世紀のイタリアとの交流が分かる
文献でもある。

[10]「Dictionary of Twentieth century Italian Violin Makers」（英）   1978初版   Marlin Brinser
約600人のモダン、コンテムポラリー・イタリアン・メーカーをショート・コメントで
紹介した辞典。「独断」だがと断わって各メーカーのランク付けもしてある。

[11]「Gaspard Duiffoproucart et les Luthiers du ⅩⅥe siécle」（仏）　　　1893 Henry Coutagne
初期のヴァイオリンの歴史が分かる貴重な文献。

[11]「Geigenzettel alter Meister」（独）　　　1902 初版　Paul Marie de Wit
オールド・ヴァイオリンのラベル・ブック。

[13]「Violin Maker's Handbook」（英）　　　1985 Baymond Doerr
ヴァイオリン、弓のフィッティング、メンテナンスの仕方など、製作者、クラフトマンが知っておくべきすべてを網羅した事典。

[14]「How many Strads? Our Heritage from the Master」（英）　　　1945 Ernest Doring
ストラディヴァリ・ファミリーに関する最も重要な文献、図鑑。オーナーの名前も分かる。

[15]「The Guadagnini Family of Violin Makers」（英）　　　1949 Ernest Doring
G.B.グァダニーニ、ファミリーに関する最も重要な文献、図鑑。オーナーの名前も分かる。

[16]「Known Violin Makers」（英）　　　1942 初版　John H. Fairfield
有名なメーカーのみの辞典。アメリカのメーカー、当時の相場も分かる。

[17]「Old Violins and their Makers」（英）　　　1883 初版　James M. Fleming
ヨーロッパの各スクール、弓、ニスのことなどを解説した事典。

[18]「Taxe des Streichinstrumente」（独）　　　1907 初版　Albert Fuchs
5 年に一度出版される。有名なメーカーの現在のおよその相場が分かる辞典。ドイツ国内という小さなマーケットでの相場なので普遍性に欠けるきらいはある。1996年の14版が一番新しい。

[19]「Violin Iconography of Antonio Stradivari 1644-1737」（英）　　　1972 Herbert K. Goodkind
1972年までに存在の判明したストラド、約700本の紹介と、うち400本の写真を掲載したイコノグラフィー。ストラディヴァリの購入には［14］と、このイコノグラフィーを必ず参考にすること。

[20]「Les Ancêtres Violon ed du Violoncelle 」（仏）　　　　　1901 初版　Laurent Grillet
　　　初期の頃のヴァイオリン史がよく分かる文献。

[21]「Meister Deutsher Geigenbaukunst」（独）　　　　　　　1948　Fridolin Hamma
　　　ドイツ系メーカーの図鑑。ドイツ系の系譜など、歴史の流れが分かる最も信頼の置け
　　　る文献、図鑑の一つ。

[22]「Meisterwerke Italienischer Geigenbaukunst」（独）　　　　1931　Fridolin Hamma
　　　オールド・イタリアン・メーカーの図鑑。最も信頼の置ける文献、図鑑の一つ。

[23]「Geigenbauer der Deutshen Schule des 17, bis 19. Jahrhunderts」（独）（英）
　　　　　　　　　　　　　　　　　　　　　　　　　1964 初版　Walter Hamma
　　　有用なドイツ系メーカーの図鑑。ほとんどの銘器が網羅されている。

[24]「Meister Italienischer Geigenbaukunst」（独）（英）　　　　1964 初版　Walter
　　　イタリアン・メーカーの図鑑。オールドからモダンまで最も有用性のある図鑑の一つ。

[25]「The Violin ：it's Famous Makers and their Imitators」（英）　1875 初版　George Hart
　　　最も信頼の置けるヴァイオリン事典の一つ。

[26]「Universal Dictionary of Violin & Bow Makers 」（英）　　1959 初版　William Henry
　　　最も有用なユニヴァーサル・ディクショナリーの一つ。オールド、モダンのヴァイオ
　　　リン、弓メーカーの履歴、作品の特徴を極めて詳細に紹介、解説している。

[27]「Violin-Making as it was and is」（英）　　　　　1884 初版　Edward Heron-Allen
　　　100年間も再版が繰り返されている百科事典。

[28]「Antonio Stradivari : His Life and Work 　（1644-1737）」（英）（仏）（独）（日）
　　　　　　　　　　　　　　　　　　　　　　　　1902 初版　W.E.Hill &Sons
　　　ストラディヴァリの生い立ちから作品まで、そのすべてを詳しく追求した学術書。ヴ
　　　ァイオリン鑑定のバイブルとなった文献、図鑑。

[29]「The Violin-Makers of the Guarneri Family 　（1626-1762）」（英）（仏）（独）（日）
　　　　　　　　　　　　　　　　　　　　　　　　1931 初版　W.E.Hill &Sons

グァルネリ・ファミリーの生い立ちから作品まで、そのすべてを詳しく追求した学術書。

[30]「The Violin Makers of Bohemia」（英）　　　　　　　　　　　　1965　Karel Jarovec
ボヘミアン・メーカーの図鑑。多分に内容の齟齬はあるが、よくまとめてある。

[31]「Geigen und Geiger」（独）　　　　　　　　　　　　　　1930 初版　Franz Farga
ヴァイオリンの事典。

[32]「La Lutherie Lorraine et Francais」（仏）　　　　　　　　1912 初版　Albert Jaguot
フレンチ・ヴァイオリンの歴史が分かる文献。

[33]「Deutsche und Österreichische Geigenbauer」（独）　　　　　1967　Karel Jarovec
ドイツ系メーカーの図鑑。多分に内容の齟齬はあるが、よくまとめてある。

[34]「Husliarske Umenie na Slovensku」（スロヴァキア）（英）　　1984　Mikulás Krésak
スロヴァキアン・ヴァイオリンのモノグラフ。

[35]「Loan Exhibition of Stringed Instruments and Bows」（英）　　1966 Wurlitzer Co.
ランバード・ウルリツァー社による展示会のカタログ。銘器中の銘器、銘弓を掲載。

[36]「J.B. Vuillaume」（英）（仏）（独）　　　　　　　　　　　1972　Roger Millant
J.B.ヴィヨームの業績、19世紀フレンチ・メーカーのこと、フレンチ・ボーのことなど
様々な示唆に富む文献。

[37]「Die Kunst des Geigenbaues」（独）　　　　　　　　　　1930 初版　Otto Möckel
ヴァイオリンの歴史、製作法、アクースティックスなど多方面からアプローチした重
要な事典。

[38]「The Violin-Makers of the Low Countries」（英）　　　　　　1955　Max Möller
ロー・カントリーズの歴史、メーカーを紹介した図鑑。

[39]「British Violin-Makers Classical and Modern」（英）　　1904　William Meredith Morris
イングリッシュ・ヴァイオリンの歴史、メーカー、作品を研究した文献。

[40]「Danish Violins and their Makers」（英）　　　　　　　　　　　　　　1963 Arne Sven Hjorth
デーニッシュ・ヴァイオリンの歴史、メーカーを紹介した図鑑。

[41]「Svensk Fiolbyggar Konst」（スウェーデン）　　　　　　　　　　　　1988 Bengt Nilsson
スウェーディッシュ・ヴァイオリンの歴史、メーカーを紹介した図鑑。

[42]「The Violin. It's physical and acoustic principles」（英）　　　　　　1980 Paolo Peterlongo
アクースティクスの勉強をするなら最適の文献。

[43]「Umeni Houslaru」（チェコ）（英）（独）（露）　　1986 初版 Vladimir Pilar, Srámek Frantisek
ボヘミアン・ヴァイオリンの図鑑。歴史もよく分かる。

[44]「Los Luthiers españoles」（西）（仏）（英）　　　　　　　　　　　1988 Romón Pinto Comas
スパニッシュ・ヴァイオリンの歴史、メーカーを紹介した図鑑。

[45]「The Complete Luthier's Library」（英）　　　　　　　　　　　　1990 Roberto Regazzi
Edward Heron－Allenが1890年に出版した書誌「De Fidiculis Bibliographia」から数えて
100年ぶりに出版されたヴァイオリン、弦楽器、弓に関する書誌（文献目録）。17世紀
中頃～1990年までのほとんどの出版物を網羅、内容も分かり易く紹介している貴重な
文献。

[46]「"Segretti di Stradivari"」（伊）（独）（英）　　　　1972 初版　Simone Fernando Sacconi
ストラディヴァリの秘密に迫る文献。秘密など無いことがよく分かる。

[47]「Nomocheliurgografia Antica e Moderna」（伊）　　1884 初版　Luigi Francesco Valdrighi
最初に出版されたユニヴァーサル・ディクショナリー。

[48]「Dictionnaire Universal des Luthiers」（仏）　　　　　　1932 初版　René Vannes
最も有用なユニバーサル・ディクショナリーの一つ。〔26〕と同様、ディーラーには必
携の辞典。

[49]「The Violin Makers of the Unitied States 」（英）　　　　1986 Thomas James Wenberg
アメリカン・メーカーを紹介した図鑑。

[50]「Les Luthiers Français」（仏）（英）（独）　　　　　　　1993　L & V LE CANU
　　　フレンチ・ヴァイオリンの図鑑。

[51]「Italiaansche Vioolbouw」（蘭）　　　　　　　　　　　　1938　Max Möller
　　　ガスパロ・ダ・サロからプレッセンダまで年代順にイタリア・ヴァイオリンを系列的
　　　に紹介している小図鑑。中味の濃い貴重本。

[52]「The British Violin」（英）　　　　　　2000　British Violin Making Association
　　　イギリス400年にわたるヴァイオリンと弓、及び歴史を紹介。ブリティッシュ・ヴァイ
　　　オリンの鑑定には最も有用な図鑑。

[53]「Violin Makers of Hungary」（独）（英）　　　　　　　1997　Peter Benedek
　　　ハンガリアン・ヴァイオリンを紹介している図鑑。ハンガリアン・ヴァイオリンの素
　　　晴らしさがよく分かる。

[54]　オークション・カタログ
　　　サザビーズ、クリスティーズ、フィリップスなどによって約100年前から出版されてい
　　　る。イタリアン・ヴァイオリン以外の写真も多く、ほぼ毎月ニューイシュー（新刊）
　　　があることから、ディーラーにとっては最も大切なイコノグラフィーであり、加えて、
　　　生きた値段を知る重要な手掛かりにもなっている。

[55]　APL、A.N.L.A.I.、LAC、Eric Blot、Carlo Vettori 、Circo Moschella
　　　彼ら、イタリアの協会、メーカー達が、1985年以降毎年と言っていい程イタリアから
　　　出版している、モダン、コンテムポラリー・イタリアン、メーカーの図鑑、イコノグ
　　　ラフィー、モノグラフィー。信頼の置けるシリーズが多い。

　　53冊＋αを紹介しました。"この一冊" ならば、英語を得意とする人には［26］を、フラ
ンス語を得意とする人には［48］を推薦しておきます。［26］は内容の正確さ、詳しさに加
え、当時の相場も記してあり、相場の違いから、各メーカーの格付けができるようになっ
ています。［48］は、［26］と同様の正確さ、詳しさに加え、約3300例ものラベル、スタン
プを載せてあり、更に各メーカーの所属するスクールも分かるようになっています。両者
共に、確か30,000円位で入手できるはずです。ご購入されておいてはどうでしょうか。

Chapter V

ラベルの話

写真などの無い、オールド、モダン時代のメーカー達が、自作のヴァイオリンであることを簡単に分かってもらうためには、本体にラベルを貼るか、本体にサインをするか、焼き印を押すかの三つの方法以外は考え付かなかったはずです。

特に、18世紀以前のメーカー達は、まさか、将来、自分の贋作、偽物が横行するとは夢にも思っていなかったわけで、フェイク、フラウドの防御法などは考えの及ぶ範疇外でした。そのような時代ですから、稀に焼き印を押すメーカーがいたとはいえ、ほぼ100％のメーカーはラベルの貼付のみで自作であることを証明し、それで良しとしていました。

ラベルのみならず、本体に直接サインをしたり、焼き印を押したりするメーカーが増加したのは19世紀に入ってからのことです。そのことは、取りも直さず、フェイカー、フラウダーの存在が目立ち始めたことに起因しています。

ラベル、サイン、焼き印（以下略して「**ラベル類**」）は、一般的にはバス・サイド側の**ƒ**孔から覗いて見える本体内に施されます。トゥレブル・サイド側では魂柱を立てる妨げになってしまうからです。

作者名、製作年、製作地、所属スクールなど、小紙片の中にそのヴァイオリンの歴史を端的に表現できるラベルは、サイン、焼き印とは違い、本質的に必要不可欠な存在でした。したがって後世のフェイカー、フラウダー達による、剥がし、すり替え、偽造などの行為がなければ、ラベルは、アイデンティフィケイションが誰にでも容易にできてしまう絶対的な存在として、エキスパートの意見など全く必要としない世界を展開させていたはずです。しかし、フェイカー、フラウダーによる改竄のエネルギーは凄まじく、その長い歴史の間にオリジナル・ラベルのヴァイオリンは極端に減少してしまい、現在に至っています。現時点でも毎日毎日きっとどこかで減り続けているはずです。それゆえ、残念ながらラベル類の存在意義は全くと言っていいほど薄れてしまったのです。あまりに「贋」「偽」の多いラベル類の世界は鑑定の材料とはもはやなり得ず、一流ディーラー、エキスパートの見捨てるところとなりました。

ラベル、サイン、焼き印のすべてを、頭ごなしに「贋」あるいは「偽」であろうと疑ってかかるのが現代ディーラーの常識です。たとえラベルそのものはオリジナルと判別できても、それが本来的なものであるかどうかは、結局、本体のアイデンティフィケイションの結果を待たなくては信用できない世界になってしまっているのです。つまり、いくらラベル類があったとしても、しょせん本体をアイデンティファイしなければいけない現実が待っていますから、一流ディーラー、エキスパートがラベル類を無意味なものとする理由はこれでお分かりいただけたと思います。

オリジナル・ラベルがそのまま残っている銘器は、オールド・ヴァイオリンでほぼ10％、

モダン・ヴァイオリンでほぼ30％というところでしょうか。究極のストラド、デル・ジェスですらその約50％は偽造ラベルに変わっています。コンテンポラリー・ヴァイオリンのラベルもその10％以上が本来的なものではないことをご存知でしたか？

では、小うるさい話はひとまず措いて、「ラベルの読み方」から参りましょう。

（1）ラベルの読み方

皆さん所有のヴァイオリンのラベルを正確に読みとってみましょう。ラベルの作り方に法則はなく、各メーカーが自由に、何を記入しても構わないわけです。しかし、小さな紙面ですから、おのずから書き込む内容は限定され、それゆえ一定のパターンのようなものが出来上がりました。

"ストリング" 1993年11月号から、**無量塔藏六先生**、**石川　彰二氏**が共著で「**弦楽器ラベルの読み方**」を連載されました。この独創的で、よく研究された論文は他の追随を許しません。私も勉強させていただきました。この論文以上に書きようもありませんから、無量塔先生のお許しを得、論文をそのまま、もしくは要点をかいつまんで、転載させていただき、皆さんと一緒に復習しておきたいと思います。

① ラベルの基本的な記載事項

通常、楽器のラベルには次のような三つの事項が表記されている。

　　　　1、製作者名　　　2、製作地名　　　3、製作年代

中にはこれらのうちのあるものが略記され、あるいは省略されているものもあるが、ほとんどの場合、この三つの事項は記されている。

② ラベルの基本的な記載形式

同一の事柄を表わすにも、それぞれの言語によって特有な表現の構造・形式があるため、ラベルの場合もそれが何語によって書かれているかにより、そのよく用いられる表現形式は若干異なっている。その上、個人の好みや創作も加わり、実際に見られるラベルの書き方には実に多種多様なものがある。

結局、ここではその中から伝統的に、あるいは習慣的に最もよく用いられている書き方を整理・分類し、大きく三つの形に大別し、ラベルの基本的な記載形式と考えることにする。

形式Ａ：「作った」という動詞の過去表現を用い、完全な一文を形成しているもの。

主語（**製作者**） ＋	動詞（**作った**）
場所の補語（**製作地**） ＋	時の補語（**製作年代**）

形式Ｂ：「作られた」という動詞の過去分詞を用いた表現。

過去分詞（『**作られた**』） ＋	動作主補語（**製作者**）
＋ 場所の補語（**製作地**） ＋	時の補語（**製作年代**）

形式Ｃ：特に動詞を用いない。あるいは各記載事項を単に羅列したもの。

製作者名	
製作地	**製作年代**

　これらのうち、形式Ａは特にラテン語で表記されたラベルのほとんどすべてと、その様式を模倣して書かれたイタリア語のラベルによく見られるもので、いわばラベルの"**古典的形式**"とも言えるものである。

　形式Ｂは、主として近代諸国語で、その中でもとりわけフランス語で書かれたものに普通に見られるものであるが、製作者名を独立させて表記したり、種々な前置詞を省略したりと、多少変形しているものが多い。

　形式Ｃで書かれているものは実に多種多様で、単に各事項を羅列したものから、形式Ａや形式Ｂの表現から動詞や前置詞を省いたと考えられるものまで、その略記の程度も様々である。動詞を使わない、あるいは省略している表現は主としてドイツ語で書かれたものに多い。

　ラベルの記載形式としては、ここに挙げた三つの形式が最も基本的、かつ一般的なものである。どのラベルもほとんどの場合、これらのうちのどれか一つに入れることができる。

形式Ａ：ラテン語の例

形式Ｂ：フランス語の例

形式Ｃ：ドイツ語の例

③ 基本的な記載事項の解説
1）動詞「作る」

ヨーロッパ系の言語には過去の動作を表現するのに、動詞の過去形を用いる方法と、その完了形を用いる方法とがある。これらの二つの形は、厳密にはその意味するところに相違があるのではあるが、ここではあまり深く考えずに、どちらも同じように過去の動作を表現するものとする。

次に羅・伊・仏・独・英、各語における動詞「作る」の不定形、過去形及び完了形の3人称単数形を挙げる。

	ラテン語	イタリア語	フランス語	英　語	ドイツ語
不定形	facere	fare	faire	make	machen (bauen)
過去形	faciebat	fece	fit	made	machte (baute)
完了形	fecit	ha fatto	a fait	has made	gemacht hat

これらのうち、ラテン語のfaciebatとfecit、イタリア語のfeceは前項で述べた形式Ａ（古典的形式）で書かれたラベルの中でしばしば見られる形であるが、他のものは用いられている例があまりない。

　近代諸国語で書かれている場合には、むしろ動詞の過去分詞形を用いた形式Ｂの方がよく見られる。そこで、次に各近代諸国語における動詞「作る」の過去分詞形、及びその時、動作主補語を導く最も一般的な前置詞を次に示す。

	イタリア語	フランス語	英　語	ドイツ語
過去分詞	fatto （ファット）	fait （フェ）	made	gemacht gebaut
前置詞「〜によって」	da （ダ）	par （パル）	by	von

　その他、動詞表現としては「作る」の他に「仕上げる」、「完成する」、「組み立てる」などの例がたまに見られる。

２）製作者名

　人名は同一人名であっても、各国語によって、その発音・つづりに相違があるものがある。ごく一般的な人名についてはそれらの相違について理解しておいた方が便利であると思われるので、次のページの表に主な西洋人の各国語における対照表を示す。

ラテン語	イタリア語	フランス語	英　語	ドイツ語
Albertus アルベルトゥス	Alberto アルベルト	Albert アルベール	Albert アルバート	Albert アルベルト
	Alessandro アレッサンドロ	Alexandre アレクサンドル	Alexander アレグザンダー	Alexander アレクサンダー
	Andrea（神田加筆） アンドレア	André アンドレ	Andreas アンドレアス	Andreas アンドレーアス
Antonius アントニウス	Antonio アントーニオ	Antoine アントワーヌ	Anthony アンソニー	Antonius アントーニウス
Augustus アウグストゥス	Augusto アウグスト	Auguste オーギュスト	August オーガスト	August アウグスト
Bernardinus ベルナルディヌス	Bernardino ベルナルディーノ	Bernard ベルナール	Bernard バーナード	Bernhard ベルンハルト
Benedictus ベネディクトゥス	Benedetto ベネデット	Benoit ブノワ	Benedict ベネディクト	Benedik(t) ベーネディク(ト)
Caesar カエサル	Cesar チェーザレ	César セザール	Caesar シーザー	Cäser　　Kaiser ツェーザル カイザー
David ダヴィド		David ダヴィッド	David デーヴィド	David ダーフィト(ダーヴィト)
Dominicus ドミニクス	Domenico ドメニコ	Dominique ドミニク	Dominic(k) ドミニク	Dominikus ドミニクス
Edoardus エドアルドゥス	Eduardo エドゥアルド	Edouard エドゥアール	Edward エドワード	Eduard エードゥアルド
	Em(m)anuele エ(ン)マヌエーレ	Em(m)anuel エマニュエル	Em(m)anuel エマニュエル	Em(m)anuel エマーヌエル
	Enrico エンリコ	Henri アンリ	Henry ヘンリ	Heinrich ハインリッヒ
Ernestus エルネストゥス	Ernesto エルネスト	Ernest エルネスト	Ernest アーネスト	Ernst エルンスト
	Francesco フランチェスコ	François フランソワ	Francis フランシス	Franz フランツ
	Federico フェデリーコ	Frédéric フレデリク	Frederic(k) フレデリク	Friedrich フリード (ト) リッヒ
	Filippo フィリッポ	Philippe フィリップ	Philip フィリップ	Philipp フィリップ
	Giorgio ジョルジョ	George(s) ジョルジュ	George ジョージ	Georg ゲオルク
Gregorius グレゴリウス	Gregorio グレゴリオ	Grégoire グレゴワール	Gregory グレゴリ	Gregor グレゴール

ラテン語	イタリア語	フランス語	英　語	ドイツ語
	Gualtiero グァルティエーロ	Gautier ゴーティエ	Walter ウォルター	Walt(h)er ヴァルター
	Guglielmo グリュルモ	Guillaume ギヨーム	William ウィリアム	Wilhelm ヴィルヘルム
Hieronymus ヒエロニムス	Girolamo ジロラモ	Jérôme ジェローム	Jerome ジェローム	Hieronymus ヒエローニュムス
Jacobus ヤコブス		Jacques ジャック	James ジェームス	Jacob, Jakob ヤーコプ
Johannes ヨハネス	Giovanni ジョヴァンニ	Jean ジャン	John ジョン	Johann ヨーハン
Joseph ヨゼフ	Giuseppe ジュゼッペ	Joseph ジョゼフ	Joseph ジョーゼフ	Josef, Joseph ヨーゼフ
	Leonard レオナルド	Léonard レオナール	Leonard レナード	Leonhard レオンハルト
	Lorenzo ロレンツォ	Laurent ロラン	Laurence ローレンス	Lorenz ロレンツ
Ludovicus ルソビクス	Luigi ルイジ	Louis ルイ	Lewis ルイス	Ludwig ルートヴィヒ
Michael ミカエル	Michele ミケーレ	Michel ミシェル	Michael マイケル	Michael ミヒャエル
Nicolaus ニコラウス	Niccoló ニッコロ	Nicole ニコル	Nicholas ニコラス	Nikolaus ニコラウス
Paulus パウルス	Paolo パオロ	Paul ポール	Paul ポール	Paul パウル
Petrus ペトルス	Pietro ピエトロ	Pierre ピエール	Peter ピーター	Peter ペーター
Sebastianus セバスティアヌス	Sebastiano セバスティアーノ	Sébastian セバスティアン	Sebastian セバスチャン	Sebastian ゼバスティアーン
Stephanus ステファヌス		Stéphane ステファヌ	Stephen ステフェン	Stefan シュテファン
Theodorus テオドルス	Teodoro テオドロ	Théodore テオドール	Theodore セオドア	Theodor テオドール
Thomas トマス	Tommaso トンマーゾ	Thomas トマ	Thomas トマス	Thomas トーマス
	Vittorio ヴィットリオ	Victor ヴィクトル	Victor ヴィクター	Victor ヴィクトル

3）製作地名

　製作地を、その製作行為がなされた場所を示す補語として用いる場合は、普通「〜で」という補語を導く前置詞を伴う。各近代諸国語におけるその意味の最も一般的な前置詞を、次に示す。

（伊）in　　（仏）a　　（英）in　　（独）in

　ラテン語では、地名・人名などの固有名詞にも格による語尾変化があり、この意味で地名を用いる時は、普通語尾を変化させることによって「〜で」を表わす位格という形を使用し、前置詞を伴わない。また、ラベルがラテン語で記されている場合に、各国の地名がラテン語風につづられ、現在普通に呼ばれ、知られているものとは違う形で示されている場合がある。次に若干の例を挙げる。

呼　格		位　格	
Rome	→	Romæ	（ローマで）
Cremona	→	Cremonæ	（クレモナで）
Genua	→	Genuæ	（ジェノヴァで）
Neopolis	→	Neopolii	（ナポリで）
Pestini	→	ペシュト（ブダペシュト）で	
Moudchii	→	ミュンヘンで	
Lutetiæ	→	パリで	
Brixiæ	→	ブレシアで	
Mediolani	→	ミラノで	
Lugduni < Lugdunus	→	リヨンで	
Augustæ Taurinorum	→	トリノで	

4）製作年代

　製作年代は普通、西暦で示す。

　ラテン語表記の場合には普通「年」を意味する名詞annusの奪格形annoを用いて、「〜年に」と前置詞なしで表現する。近代諸国語による表記の場合でも、このラテン語のannoをそのままの形で転用している場合も多いが、それぞれの特有の表現形式においてもやはり「〜（年）に」を意味する前置詞を通常伴う。次にそのいくつかの例を挙げる（全形を、次に最も普通に見られる形を示す）。

Ⅴ ラベルの話

（伊）Nell'anno ～
　　　（ネランノ～）
$\begin{cases} \text{nell}\sim \\ （ネル） \\ \text{l'anno}\sim \\ （ランノ） \end{cases}$

（仏）en l'an ～
　　　（アン　ラン）
$\begin{cases} \text{en}\sim \\ （アン） \\ \text{l'an}\sim \\ （ラン） \end{cases}$

（英）in the year ～
$\begin{cases} \text{in the}\sim \\ \text{in}\sim \end{cases}$

（独）im Jahre
　　　～（無前置詞）

または
$\begin{cases} \text{ann e}\sim \\ \quad （アンネ） \\ \text{l'ann e}\sim \\ \quad （ランネ） \end{cases}$

④ラベルの基本的な記載形式の一覧

さて、今まで述べてきたことを総合して、また、実例の多いラベルの記載形式のパターンを、テーブル式に並べてみる。

●形式A

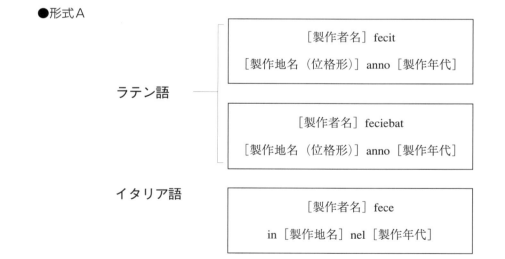

●形式B

フランス語

> Fait par ［製作者名］
>
> ［製作地名］en ［製作年代］

英　語

> Made by ［製作者名］
>
> （in）［製作地名］（in）［製作年代］

●形式C

ドイツ語・英語
に多い

> ［製作者名］
>
> ［製作地名］　　［製作年代］

※注意　どの形式の場合にも各記載項目の順序が入れ替わっていたり、また、前置詞が省略されたりしているものがあるが、それらは、その形式の変化とみなすことにする。

⑤ 各種ヴァリエーション

1）各種修飾語

　今まで述べてきた基本的な形式を元にして、実際にはそれぞれの事項に、ある時は伝統的な習慣により、またある時は個人の好みにより、種々なる修飾語が付け加えられ、またはより詳しく表記されたりして、いろいろな個性あるラベルができ上がる。

　それらの付加される修飾語のうち、主なものを分類すると次のようになる。

A　製作者名に付加される修飾語
　　1、出身地を表わす言葉
　　2、家系や弟子関係など、身柄を表わす言葉
　　3、楽器製作者であることを示す言葉

B　製作地名に付加される修飾語（あるいはより詳しく述べるために）
　　1、街路名や通り名、広場名、湖畔名など
　　2、工房名

C　製作年代に付加する修飾語
　　1、西暦紀元であることの明記
　　2、より詳しく、製作された季節や月日など

D　その他
　　1、作られた方法やブランドなど
　　2、製作番号等
　　3、その他

2）各種修飾語解説

　以下、実例を見ながらいろいろな修飾語について見ていく。

A　製作者名に付加される修飾語

1 出身地を示す

　作者がどこの地の出身であるかを示すもので、特にラテン語で表記されたラベルにしばしば見られる。出身地が製作地と異なっている場合は、その作品が出身地の流儀によって作られていることを示すために書かれたと思われるものもある。

　ラテン語で表記されている場合は、地名から作られたその形容詞形を製作者名の後に置いて、むしろ姓名の一部のように綴られる。

（実例）

Cremona　　　　　　→Cremonensis（クレモナ出身の）

> Antonius Stradiuarius Cremonenſis
> Faciebat Anno 1713 (A+S)

Roma　　　　　　　→Romanus（ローマ出身の）

> Julius Cæſar Gigli Romanus
> Fecit Romæ Anno 1701

Nicaea　　　　　→　Nicaensis（ニケアの）

```
Franciscus Bovis
    Nicaensis
Fecit Anno 1899
```

Utina　　　　　→ Utinensis（ウディネの）
　　　　　　　　Venetijs：ヴェネツィアで

　近代諸国語で書かれている場合には、「～より、～から」と出身地を示す前置詞を伴う。各国語におけるその意味の最も普通の前置詞を挙げる。

　　　（伊）da　　（仏）de　　（英）from　　（独）von
　　　　　　　　　　　　　　　　　　　　　　（van オランダ系）

2、経歴を示す

　最も普通に見られるものは「～の息子」と「～の弟子・生徒」という表現である。よく見られるものを次に挙げる。

	ラテン語	イタリア語	フランス語	英　語	ドイツ語
～の息子	filius～ （フィリウス）	figlio di～ （フィッリオ ディ）	fils de～ （フィス ドゥ）	son of～	Sohn von～
～の弟子 生徒	alumunus～ （アルムヌス）	allievo di～ （アリエーヴォ ディ）	élève de～ （イレーヴ ドゥ）	pupil of～	Schüler von～

143

近代諸国語では、それぞれ特定の前置詞を伴って所属関係を表現するが、ラテン語では人名の語尾を変えて属格とし、これを表現する。

（例）

| Andrea | → | filius Andreae （アンドレアの息子） |
| Antonius | → | filius Antonii （アントニオの息子） |

（実例）

Franci**ſ**cus Stradivarius Cremonen**ſ**is
Filius Antonii faciebat Anno 1740

この実例のラベルの読み方

Cremonensis	→	Cremonaの形容詞形
Antonii	→	Antoniusの属格
faciebat	→	facere「作る」（不定形）の過去形
anno	→	annusの奪格「～年に」

参考：「生徒、弟子」を意味するその他の語

discipulus	（羅）	生徒、弟子
discepolo	（伊）	生徒、弟子
scolaro	（伊）	学生

3、（弦）楽器製作者であることを名乗る

　これは特に、フランス語で書かれたラベルにしばしば見られる。各国語でそれぞれ少しずつニュアンスが違うようであるが、『（弦）楽器製作者』を意味する最も普通に見られる形を挙げる。

（伊）Liutaio （リウタイオ）
（仏）Luthier （リュティエ）
（英）Violin maker, Instrument maker
（独）Lauten-und Geigenmacher, Geigenbauer, Instrumentenmacher
（チェコ）Houslar

その他

Luthier de Concervatoir de Musique （仏）
　音楽学校専属の楽器製作者

Fabricant d'instrument （仏）
　楽器製造者

Fabricanti e Negozianti di ～ （伊）
　～の製作　及び　販売者

Instrumentalis （羅）
　楽器製作者

B　製作地名に関する修飾語
　1、製作地の街路名、広場名、湖畔名、住所などの表記
　製作地をより詳しく示すためにしばしば記されている。

（伊）	in Via ～	～街の、横町の
	in Contrada Larga （di） ～	～大通りの
	nella Contrada （di） ～	～大通りの
	in Strada （di） ～	～街の
	Piazza （di） ～	～広場の
（仏）	Rue （de） ～	～街の
	Boulevard ～	～通りの
（英）	in street ～	～通りの
	in alley ～	～通りの
（独）	an der （Isar）	イザール河畔で

　　　　　ミッテンヴァルトでは古い時代にはIserと書いた

縦書き右: V ラベルの話

145

●prés du Concervatoir de Musique 　　　（仏）音楽学校のそばの
●à côté du Café Dupai 　　　（仏）カフェDupai横の
●accosto a ～ 　　　～の近く

２、工房名等

dans l'atelier（de）～ 　　　（仏）～のアトリエで
nell Palazzo di～ 　　　（伊）～宮殿で

```
Joann Andreas Kämbl Churfürſtl.
Hof - Lauten und Geigenmacher
      in München 1745
```

Hof Lauten und Geigenmacher 　　　（独）宮廷ヴァイオリン製作者

C　製作年代に関する修飾語

（省　略）

D　その他、ブランド名等

（伊）al segno di～
（伊）al' insegna di～ 　　　～紋章（ブランドマーク）の
（羅）sub signum～

（伊）sul disciplina～
（仏）sous la diréction de～ 　　　～の指導のもとに
（羅）sub disciplina～

（羅）sub titulo～ 　　　～の銘で

（2）ラベルよもやま話

1685年、ヴァイオリン弾きの**ヴィターリ**はモデナの領主に訴え出ました。

「親愛なる、慈悲深き我が御領主様、おらがさは、なげなしの全財産12ピストールをはだいで夢にまで見たニコロ・アマーティ先生のヴァイオリンさ買えましただ。だどもヴァイオリンのラベルさ良ぐ見でみると、ニコロ・アマーティの名前の下さに "**Francesco Ruggieri**" の名前を発見しましただ。字が小さすぎて初めは分かんねかっただども。フランチェスコ・ルジェーリは大アマーティの弟子にすぎねーで、3ピストールがせいぜいの処と皆が申しますだ。このヴァイオリンをおらに売ったクソ坊主は、きっと大アマーティの偽ラベルさ貼ったにちげえねえだで、是が非でも御領主様のお力でクソ坊主に重罪を課してやってくだせーませ……kudo kudo……。」

18世紀以前はギルドが幅をきかせていましたから、このように各メーカーが自分の師匠のラベルを利用したり、自分のラベルと一緒に師匠のラベルを貼るのは、ほぼ慣習になっていました。ルジェーリと同様 **Giofred Cappa** や **Andrea Guarneri** の作品にもアマーティのラベルは頻繁に見られます。独立を果たしたとはいえ、未だ名前の売れていない弟子達にとって、師匠のラベルは自分を権威付けるいわば広告塔のようなもので、師匠もそのような行為はきっと許していたはずです。

また、師匠の作品をコピーした場合、自作のラベルは貼らず、師匠の贋ラベルのみを貼付したメーカーもたくさんいます。18世紀の多くのジャーマン・メーカーは**ヤコプ・シュタイナー**をコピーしていますが、そのような場合、シュタイナーのラベルしか貼らないというある種の通念がまかり通っていたようです。人を騙そうとしたわけではなく、尊敬するシュタイナーをコピーした以上、コピーをしたという光栄に浴するために、ラベルまでをもコピーしなくてはいけないという心模様のうちにあったようです。いくらレプリカ、コピーをしたとしても、自分の作品は大シュタイナーの作品とは比ぶべくもないのだから、という大前提があったからでしょう。

19世紀の**J.B.ヴィヨーム**は、ストラディヴァリの贋ラベルのみを自作に貼付したりもしましたが、遊び心の多い彼の場合は、本体にサインをするとか、拡大鏡でしか確認できないほど小さなスタンプを押してあるとか、ヴィヨーム・ナンバー（**基礎編** p.115）を本体内部のどこかに印してあるとか、いずれにせよ、自作であることが分かるような証をどこかに施してありました。また彼のストラディヴァリの贋ラベルの年号は常に1717年製となっており、そのことがヴィヨーム作を露してもいるのです。

19世紀以前のメーカーに見られる、このような行為には、人を騙して高く売り付けよう

というような悪意はほとんど見当たりません。しかし、先のヴィターリの訴訟のように、17世紀、つまりヴァイオリンの黎明期において、既に、このようなすったもんだが起きているのには驚かされます。この訴訟は明らかにヴィターリの無知から生じたものでしょうが、果たしてモデナ公がどのような裁定を下したのかは興味津々というところですね。

　世界最初のヴァイオリン・ブローカー（お店を持たずにヴァイオリンの売買をする渡り鳥）として有名な**ルイージ・タリジオ**（Luigi Tarisio　ca1790～1854, Italy）は、また、意図的に贋ラベルを貼付するフラウダーの草分けでもありました。ヴァイオリン・ディールに興味を持った商売上手の彼は、北イタリアに埋もれていた数多くのイタリア50人衆の銘器を発見、収集しては、せっせとパリに持参して巨万の富を築き上げました。ヴァイオリンそのものを愛していた彼はコレクターでもありました。世界最高傑作とされるヴァイオリン、**メシア・ストラディヴァリ**（基礎編 p.31）は、タリジオの死を知ったJ.B.ヴィヨームが、彼の親戚の家を訪ねた時、残された6本の銘器の中に埋もれていました。タリジオからメシアについての自慢話ばかりをいつも聞かされ、実物の存在に疑問を持っていたヴィヨームにとっては青天の霹靂（へきれき）ともいうべき発見でした。メシア・ストラディヴァリは後にロンドンのヒル商会の手に渡り、現在はオックスフォードの**アシュモリアン美術館**に展示されています。更にタリジオの遺体の発見されたミラノの下宿の屋根裏部屋には、24本のストラディヴァリと、100本以上のイタリア50人衆の作品が残されていたということです。

　19世紀初頭までの間、最も将来性を見込まれていたヴァイオリンは、ニコロ・アマーティとアントニオ・ストラディヴァリでした。需要に供給が追い付くはずも無く、彼らの弟子の作品や、大したこともない作品が、アマーティ、ストラディヴァリの偽ラベルに張り替えられ、真正の作品として売買されていました。ただし、そのような偽物が売られたとしても、当時の値段は現在のように天文学的な数字ではなく、多少お金に余裕があれば真正のアマーティ、ストラドが購入できた時代ですから、その被害たるや実に可愛いものでした。フラウダー自身に罪の意識は全く無かったかもしれません。

　真正のラベルを剥がして別のヴァイオリンに貼付するというよりは、贋作ラベルを貼る方が多かったのは、ラベルを剥がす際に傷が付いてしまうのを恐れてのことです。1800年頃には、贋ラベルをプリントして商売にするヴァイオリン・メーカーが、ミラノ、トリノにうようよいたそうです。

　G.B.グァダニーニのパトロンでもあった、クレモナ派のコレクターとして有名な**サラブエ伯爵**（Cozio di Salabue, 1755～1840, Italy）は、アマーティ、ストラド、ベルゴンツィ等のオリジナル・ラベルを多数コレクションしており、これらのラベルは間違いなく、ヴァイオリン本体から剥ぎ取られたものでした。彼のラベル・コレクションには多くの銘器の贋ラベル、特にニコロ・アマーティの贋ラベルもたくさんありました。タリジオと親し

かった彼は、このような贋ラベルをタリジオからたくさん譲り受けていたのです。タリジオと親交のあったヴァイオリン・ディーラーで小説家のチャールズ・リードの手紙に、タリジオから譲り受けた贋ラベルを貼り付けたものが残っています。

　もう一人ラベル・コレクターとしてはヴァイオリン・メーカーの**ニコロ・ビアンキ（Ⅳ章（3）—表⑭）**が有名です。ヒル商会の記録によると、あるイギリスのアマチュアのチェロ弾きが、たまたまニースを訪れた時、ビアンキと親しくなり、彼の所有するルジェーリのチェロを修理のために預けました。驚いたことに、彼の手元に戻った時には、あったはずのオリジナル・ラベルが綺麗に剥ぎ取られていたということです。ラベル・コレクターのビアンキは、自分のラベル・コレクションを完成させるため、矢も楯もたまらなくなってオリジナル・ラベルを盗んでしまったのです。

　現在クレモナ市の博物館に展示されているストラディヴァリの使用した工具類は、**パオロ・ストラディヴァリ（基礎編 p.81）**からサラブエ伯爵が購入したものです。ラベルそのものが未だ有意義であった約150〜200年前、その功罪は別にして、ルイージ・タリジオ、サラブエ伯爵、J.B.ヴィヨーム、ヒル商会等、彼等ヴァイオリンを愛する人々の尽力があったからこそ、現在の我々は銘器の恩恵に浴していると言えるかもしれません。

（3）ラベルの見分け方

　偽物を売る目的で貼付された偽ラベルにせよ、その作者であることを判らせる目的で貼付された「正義のラベル」（II章（4）—②）にせよ、「贋」であることに変わりはありません。すべて、ラベル・ブックや、真正ラベルをコピー、もしくはレプリカ（複製）したものですから、使用目的の如何に関わらず、この種のラベルをまとめて**「偽造ラベル」**と言っておきます。

　真正イタリア・ヴァイオリンの場合、それが真正ラベルであろうが偽造ラベルであろうが、格上である程、貼付されているラベルは、当該ヴァイオリン名である確率は高くなります。フェイカー、フラウダーの改竄目的が、より有名な、より高額にできるイタリア・ヴァイオリンの偽物を売るところにあるとすれば、真正イタリア・ヴァイオリンに貼付されているラベルの信憑性が高いのは当然のことと言ってよいでしょう。

　イタリア以外の国籍のヴァイオリンのラベルは、イタリア・ヴァイオリンや格上のヴァイオリンに取り替えられてしまう危険に常に晒されています。モダンであっても、コンテムポラリーであっても、その過半数が、よしんばオールドに至っては恐らくその大多数が、イタリア・ヴァイオリンの偽造ラベルに取り替えられているか、**ノー・ラベル**（ラベルの無い状態）にされているかして、市場に出回っている現状です。言い換えれば、大半のイタリアン・ラヴェルのヴァイオリンは、ラベルどおりのイタリア製では無いということになります。かと言ってノー・ラベルのヴァイオリンが、必ずしもそのような類のものというわけではなく、18世紀のクレモナの銘器にもノー・ラベルが存在しますから、話はやゝこしくなります。

　[図12、13] はラベルの真贋に関わらず、貼付されているラベルの信憑性を、格と製作年代の相関関係から大雑把に示したものです。参考にしてください。

　真正ラベルが残っていようと、偽造ラベルであろうと、ノー・ラベルであろうと、ラベル類はヴァイオリンの価値には全く反映しないと申しました。しかし、真正ラベルが本来的にそのまま残っているヴァイオリンは、どこのスクールに所属していようとも、ヴァイオリン史上の生き証人としての学問的価値は大いに忖度されるべきですし、そのラベルは「真」に対する決定的な証拠ともなり得ます。

　とは言え、ラベルのオリジナリティーの鑑定はかなり難しく、余程の自信が無い限り、エキスパートですら「オリジナル・ラベル」と鑑定書にはなかなか書けないものです。印刻？　印刷？　手書き？　コピー？　インク？　墨？　鉛筆？　ボールペン？　真正サイン？　紙質？　古さ？など、実にたくさんの判定要素がある上に、②で紹介したような、ギルド制に伴う歴史的な問題もあります。そして何よりもラベルの真贋を見極めるには、

表板を取り外して検討せざるを得ない、という問題が立ちはだかるのです。通常はf孔から覗いて判断するわけですが、それは当該ヴァイオリンのラベルになっているかどうかの確認にとどまる作業に過ぎません。暗い本体内部を照らす工具もありますが、それでは足りません。既にお分かりのように、もはや鑑定の糧とはなり得ない、ラベルのオリジナリティーを確認するという目的のために表板を取り外すことは、ヴァイオリンの破壊につながる暴挙になってしまいます。この項の最後にラベルの判別法を列挙しますが、それは飽くまでf孔から覗いて見た場合の判別法になります。単に目安としての判別法に過ぎませんが、ラベルの判定はそれで充分なのです。

そのようなテクニカルなアプローチも大切ですが、フェイカー、フラウダー達の改竄のノウ・ハウのようなものを紹介しておいた方が現代における"ラベルのありよう"というものをより正確に把握していただけるのではと思います。

ニカワや糊で貼付されているラベルはf孔から比較的簡単に取り外しできること。そして貼付はf孔から簡単にできること。精巧なものを除いて、大半の偽造ラベルは、ラベル・ブックをコピーしてそのまま貼付するか、それに改竄の手間を少し加えるかなど、比較的単純な作業によって作られていること。ラベル・ブックとしてはⅣ章（4）で紹介した書物のうちリュトゲンドルフ、Jarovecの4冊、『4』、『7』、『12』、『14』、『15』、『28』、『29』、『48』＆etc.が利用されていること。などを念頭において、フェイカー、フラウダーのノウ・ハウを思いつくままに綴ってみましょう。その前にⅢ章（5）を復習しておいてください。

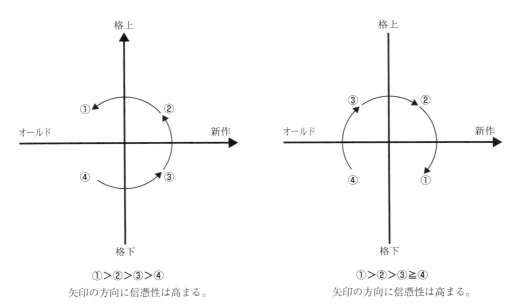

図12 イタリア・ヴァイオリンの場合　　図13 イタリア以外のヴァイオリンの場合

①＞②＞③＞④　　　　　　　　　　　①＞②＞③≧④
矢印の方向に信憑性は高まる。　　　　矢印の方向に信憑性は高まる。

a） ファクトリー・メードの真正ラベルは取り外し、**ノー・ラベル**（ラベルがない）のヴァイオリンにしてしまう。ファクトリー・メードの真正ラベルの多くは印刷された「Stradivari」、「Amati」、「Stainer」など、ヴァイオリンの草創期を代表するメーカーの名前になっているが、なおかつ "made in Germany" などと原産国が明示されている場合が多い。したがって取り外さなければ人は騙せない。かと言ってヴァイオリンの出来は良くないから偽造ラベルを貼るわけにもいかない。結果としてノー・ラベルにしておいて口八丁手八丁で安物のイタリア製などと称して少しでも高く売れるようにする。

b） 程度の高いファクトリー・メード、工房製の真正ラベルは取り外し、創作名、もしくは知名度の低い、例えばユニヴァーサル・ディクショナリーを繙けば名前と年代のたった一行しか載っていない、エキスパートですら真正ラベルを見たこともないようなイタリアン・メーカーのラベルを自ら製作し、そのラベル名の真正ヴァイオリンとする。

c） 程度の高い工房製の真正ラベルを師匠の偽造ラベルに取り替える。

d） 格下のヴァイオリンに格上のヴァイオリンの偽造ラベルを貼るのが、第一義的な目的だから、イタリア・ヴァイオリン同士の改竄も当たり前に行なう。

e） モダン、オールドのイタリア以外のマスター・メードの真正ラベルを、対応する年代のイタリアン・メーカーの偽造ラベルに取り替え、偽造ラベル名の真正としてしまう。丁寧に取り外した真正ラベルは、ファクトリー・メード、工房製に貼付し、貼付ラベルの真正ヴァイオリンとする。

　　オールド・イタリアンのラベルに真正が少ないことは皆さんも既にご承知ですが、モダン・イタリアンとして日本で売買されているヴァイオリンの大半が、偽造ラベルであることはあまり知られていません。**モダン・ボヘミアン（チェコ）、ハンガリアン**の銘器に皆さんが接する機会が少ないのは、数が少ないのではなく、彼らの作品の大半がモダン・イタリアンの偽造ラベルに貼り替えられて、真正モダン・イタリアンの銘器として紹介されてしまっているということなのです。

f） イタリアの銘器の真正ラベルを丁寧に取り外し、保管しておく。取り外した銘器には「正義の偽造ラベル」を貼付しておく。この場合、一流鑑定書が添付されていたり、作品の素晴らしさから、誰しもラベルの作者だと分かるであろうという前提がある。そのイタリアの銘器の、レプリカ、あるいはスクール物を時間をかけて探し出し、保管してお

いた真正ラベルに貼り替える。真正ラベルであるという理由でそのラベル名のヴァイオリンとし、1本で2本分の大儲けを企む。

約200年にわたる a)～f) のような行為の積み重ねの結果、偽造ラベルを添付されたヴァイオリンが市場の大半を占めるようになってしまいました。しかし、ラベル類が"そのようなものに過ぎない"のは既成の事実ですから恐れるには足りません。

◎『ラベルの判別法』……ƒ孔から覗いて……

① 真正ラベルには綺麗なものが多い。モダン、オールドであれば、周りの木の地色と同じような色調を帯びている。

② 真正ラベルは印刷、手書きがほとんど。したがって字体がすっきりしており、浮かび上って見えるような感じ。サインにも筆勢がある。オールド、モダンでインクが生々しければもちろん偽造。

③ オールドの真正ラベルはほとんど着色されていない。着色があればほとんど偽造。モダン・ヴァイオリンには稀に着色したものもあるが、やはりほとんどが白紙。

④ 全体が灰色、黒っぽく汚れているもの、一部の字が汚れで読めないようなものは偽造。

⑤ ラベルが綺麗なのに周りの木の部分が汚れていれば偽造。ラベルとまわりの木の濃淡が全く違えばやはり偽造。

⑥ 周りの木の部分にラベルを剥がした跡があれば偽造。

⑦ 紙の色が白過ぎたり、焼け焦げがあったり、部分的に茶色だったり、全体が薄い茶色だったりするものは、薬品や紅茶などを使った偽造ラベル。

⑧ 用紙が薄かったり、字体がぼけていたり、インクの色が薄かったりするものはコピー。

⑨ 用紙にヤガーのチェロ弦の袋を使うフェイカー、フラウダーが多い。ヤガーの紙なら偽造。

⑩ オールドの真正ラベルの、インクを使用された部分は茶色に変色している。特に年号の下二桁。このことを知っているフェイカー、フラウダーはその部分に漂白剤を塗付し、茶色に変色させるが、その場合字体がぼやけてしまう。茶色に変色した字体がぼけていれば偽造。

⑪ 松脂の白い粉をラベル全面、もしくは周りの木の部分にまでこすりつけてあれば偽造。

⑫ 新作の場合、作者自身が初めから偽造ラベルを貼付したり、他人が作ったヴァイオリンに自分のラベルを貼ったりする例もあり、始末が悪い。

最後に極めて精巧な偽造ラベルを紹介して、ラベルの話はおしまいにします。写真（下参照）がそれです。この精巧なスカランペラ・ラベルを貼付されたヴァイオリンはⅡ章（5）で紹介したインチキ鑑定書を発行する「ディーラー」がスカランペラ・スクールとして販売したものです。無論ヴァイオリンは真っ赤な偽物で、モダン・ハンガリーに帰属されるべきものでしょう。真正のスカランペラ・ラベルを取り外し、そっくりレプリカ（複製）したもの、としか言いようがない程"まことにご立派な偽造ラベル"です。しかし、上記⑤、⑦、⑩、⑪によって偽造であることはたちどころに分かってしまうのです。写真がカラーでないのが残念です。

Chapter VI

音……選定に際して

ヴァイオリンの購入手順に順逆があるのは、皆さん方と私共の立場が違うことからすれば、それは致し方のないことでしょう。

・ディーラー　　①真贋を見る→②保存状態の確認→③音を試す→④値段の交渉→⑤購入

・ユーザー　　　①予算を決める→②試奏する→③保存状態の確認→④真贋、鑑定書などの確認→⑤購入

　皆さんにとっては音が命のヴァイオリンですから、何本か、何十本かを試奏、比較し、とにもかくにも音を中心に気に入ったヴァイオリンを購入なさっている姿が一般的なはずです。アマチュア（以下アマ）にせよ、プロフェッショナル（以下プロ）にせよ、"音楽を楽しみ""音楽で人を感動させる"ことが至上の世界であるとすれば、真贋、状態などにこだわらず、ひたすらより良い音のヴァイオリンを求める姿勢は自然であり、それこそが選定に際する最も正しい手段であると言っても言い過ぎではないように思います。私共ディーラーは、試奏できる状態にあれば、無論試奏することで音を判断しますが、フィッティングされていない作品、フィッティング状態の悪い作品も対象としますから、試奏以外の方法（**基礎編Ⅴ章**）も駆使して「音を試す」ことになります。

　この章は、皆さんにとって最も大切な「音」について考えることから始めましょう。

（1）「音量」と「音質」

　音量と音質、両者が複雑に絡み合った音が、ヴァイオリンの音の良し悪しを決定させています。両者をチェックしなければ、そのヴァイオリンの音の性能は確認できないわけで、試奏の意味するところはそれをおいて他にはありません。Ⅲ章で、普遍的な意味合いでの音の良し悪しを、例えて「演奏家や先生の中でも格別である人々が共通して納得できる音を"普遍的"とし、彼らが勧める音を"良い音"、勧めない音を"悪い音"」と定義しました。しかし実際には、すべての人が悪いと感じるような「悪い音」など存在するはずもなく、「良い音」の反対用語として便宜上使用したに過ぎません。

　「良い音」とは、具体的に言うなら「音量もあり、音質も良い」ことを指します。「音量」とは音の大きさを言い、「音量がある」とは「音が遠くまで到達すること」であり、「良い音質」とは「音色が明るいこと」であろうと思います。そして「良い音」にも順位があり、究極の良い音の最も多くを、ストラディヴァリ、グァルネリ・デル・ジェスの作品の大半が、そして両者以外の"イタリア50人衆"（**基礎編p.144**）の一部が保持していると言える

でしょう。

「音が遠くまで到達すること」を「音量がある」としたのには意味があります。物理量として測定できる音の大きさだけで捉えられないのがヴァイオリンの音量なのです。「**音の方向性**」も考えないと、ヴァイオリンの音量の説明はつきません。耳元でやたらと大きな音がするヴァイオリンのデシベル値は、その場所では確かに大きいのですが、そのような音量は、周りに散ってしまいます。耳元のデシベル値が小さくとも音に方向性があれば、そのエネルギーは収束されていますから、遠くに到達することになります。したがってヴァイオリンの音量は、物理量の大きさも必要としますが、「方向性」をより重視しておかないと、真に音量のあるヴァイオリンは購入できません。

音質については、次の（2）をお読みください。

（2）自分の「立場」を考慮する
……ソロ用の音ばかりが「良い音」ではない……

カリスマ的な音楽家、教育者であった故**齋藤秀雄**先生（1902〜1974, Tokyo）は、楽器そのものにも大変な興味をお持ちの方でした。私がまだ駆け出しであった頃、月に1〜2回は、先生から出頭命令がきて、その都度、ヴァイオリン、チェロの銘器が先生のお部屋にころがっているのですが、それらの銘器の音に関するご高説をなぜか私に授けてくださったものです。そのようなことが2〜3年も続きました。授業料はただ。今思えば、この上もなく光栄なことでした。

「いいか神田君、どんな銘器であっても、まず音が聞こえなければ話にならないんだよ。聞こえてこそ初めて音楽が始まるんだ。だから音量のあることが楽器を選定する一番大切な要素になることを肝に命じておけ。音色は弾き手本人が作り出せばそれでいいんだ」が口癖になっていらっしゃいました。「楽器はフラットなほど音量がある」とおっしゃって、愛用の、つばきで全面コーティングされてしまった、ぺちゃんこのテストーレのチェロをよく弾いてくださったのも懐かしい思い出です。日本で、世界で活躍する多くの指揮者、チェリスト、ヴァイオリニストが齋藤先生の薫陶を受けたことは衆知の事実ですが、既に名を為した超一流のヴァイオリニストですら、音楽上の解釈や、ヴァイオリンの選定などに悩むと、齋藤先生の門を敲いたことはあまり知られていません。門下生でも知己でもないのに、快く時間を割いておられたのを思い出します。

齋藤先生のおっしゃるように、音量のあるヴァイオリンの方がいいに決まっています。蚊の鳴くような音では聴衆を満足させられません。皆さんが選定に際して、よく鳴る、鳴

らないを試すために、なるべく遠く離れた所で音を聴き、批評し合っているのはおなじみの光景です。加えて音質の大切さは、音量と同じか、それ以上のものであると私は思っています。では、両者を兼ね備えた究極か、それに近い「良い音」のヴァイオリンが、一般の方々の予算内で果たして入手できるものなのでしょうか。

　3,000万円以上はする「イタリア50人衆」の作品の多くは究極の「良い音」を備えているとはいえ、それ以外の銘器の音は、いかにハイ・レベルにあろうと、厳密に捉えてみると、音量はあっても音質が劣るとか、音質は素晴らしいが音量に欠けるなど、齋藤先生レベルの方々を100％満足させられるような「良い音」を持ち合わせているとは言い切れません。例外の多い世界ですから、時間をかけて捜し求めれば、数10万円、数100万円のオーダーでも究極の「良い音」に出会えるはずですが、確率は極端に低くなります。いずれにせよ超お金持ちではない我々一般人は、どこかで妥協を強いられているわけですが、それはそれで良しとする軽い気持ちを持って選定をされる方々の方が、結局「良い音」のヴァイオリンを購入され、音楽家としても成長される方が多いのは、私共の経験しているところです。

　「音量がある」とは言っても、それぞれのヴァイオリンの持つ能力には差があります。例えば"オーケストラ伴奏（以下オケ伴）によるコンチェルトに耐えられる音量のあるヴァイオリン（以下 **"ソロ用"** と略)"、ソロ用ほど音量がないがゆえにピアノ伴奏によるソナタや、各種アンサンブルなどに向く音量を持つヴァイオリン（以下 **"室内楽用"** と略)などと、音量を言葉で区別しているのも日常のことです。「音質が良い」と言っても、どのように良いのかは、聴く人によって意見はまちまちです。「明るい」「のびやか」「きらびやか」「落ちついた」「高貴な」「あたたかい」「軟らかい」「透明感のある」など、数え上げればきりがありません。

　ところで齋藤先生の先の言葉を思い出してください。「ヴァイオリンは音量があればそれで良し、音色は本人が創るもの」。まさに正鵠を射た言葉です。しかし、あくまでこの言葉は、齋藤先生のような世界に名だたる一流のソリストを育てる立場にある人の、才能のある、将来を約束された門下生への教示である、と我々一般人は捉えた方が賢明ではないかと私は思います。つまりピラミッドの頂点にいる方々、オケ伴でコンチェルトを日がな弾くような立場にいる方々を想定した場合に初めて、この言葉は生きてきます。「音色は本人が創れば良し」の「音色」は、既に「良い音質」のヴァイオリンを持っているという前提の上に立って、更に自分固有の音色を創り出すように、という含蓄に富んだ言葉のはずです。

　さて、ここで皆さんはヴァイオリニストとしての自分の立場を考えてみましょう。アマにせよプロにせよ、99％以上の、限りなく100％に近いほとんどのヴァイオリニストは、オケ伴でコンチェルトを弾ける機会には巡り会えないはずです。ピラミッドの頂点にいらっ

しゃる方々は、ストラド、デル・ジェス、アマーティ、グァダニーニ、ベルゴンツィなどの一級のソロ用ヴァイオリンを必要とする立場にあると言えるかもしれません。

　ここでひるがえって、一般的に皆さんがどのように音を選定なさっているのか、私の経験で申しますと、ほとんどの方々が"ソロ用"の音を求め右往左往して苦労なさっているように思えるのです。たとえ下手であっても、活躍する場が少なくともです。しかし音の選定は、気の持ちようによってはコペルニクス的転換をもたらしてくれるはずだと私は思います。私の知っているヨーロッパのヴァイオリニストたちは、実に淡々と自分の立場を考えてヴァイオリンを選定しています。自分は一生オーケストラのメンバーで過ごすのであれば、音質の良いヴァイオリンを求め、音量などは二の次で良しとしていますから、選定に時間はかけませんし、ましてや大金を払って究極の「良い音」を求めるなどという愚かな行為に絶対走ったりは致しません。「音量のある」「音質の良い」、両者を兼ね備えた、しかもなるべく究極に近いような「良い音」を、限られた予算内で求めようとするから、時間はかかるし、結局偽物をつかまされたりすることにもなるのです。自分の立場を考えもせず、何が何でもソロ用の音を求めてあちこちのディーラーを徘徊する一部の方々の姿には、何か滑稽さすら感じてしまうこの頃です。より良い音のヴァイオリンを捜し求める姿勢はヴァイオリニストとして当然のことですが、何もソロ用の音を必死で捜し求める必要がどこにあるのでしょうか。その音楽が立派に演奏でき、表現できれば、大音量など無かろうと、音質が少しく劣ろうと、そのヴァイオリンの音は"良い音"のはずではありませんか。無論、普遍的な意味での最低ライン以上の「音量があり、音質が良い」必要はありますが。

　そのような誤まれる風潮おびただしき日本なのですが、それには理由があります。

　齋藤先生の薫陶を受けたヴァイオリニスト、あるいは先生として、ピラミッドの頂点にいる方々の言葉が、そのまま、あるいは曲解されて、その弟子の先生、孫弟子の先生へと、順々にピラミッドの裾の方にまで浸透してしまった結果であろう、と私は分析しています。未だ将来のはっきりしない小さな子に、高額の、究極に近い、「良い音」のヴァイオリンを押し付ける必要がどこにあるのでしょう。齋藤先生の楽器に関する薫陶は、我々一般人に、まして年端もいかない青少年に必ずしも通じるものではありません。

　日本人のヴァイオリニストはまた、上からの言葉をそのまま真に受けてしまい、自分でかみ砕こうとしないきらいがあります。齋藤先生は、たとえ「良い音」のヴァイオリンでも「このヴァイオリンの音は君の性格には向かない」という言葉をよく使われました。しかし、この言葉は世界中で唯一人、大齋藤のみが一級の弟子に向かって吐ける言葉であって、そのような言葉をそのまま受け売りして自分の弟子に使用して良い類の言葉ではありません。人間という生き物を透視できた齋藤先生が使用してこそ、この言葉は生きているのです。「この音はあなたの性格には合わない」、こんな傲慢で抽象的な言われ方をされて

も、我々一般人には何が何だかさっぱり分かりません。

　また、権威に弱い日本人若手ヴァイオリニストたちです。したがって物真似に走ります。昔の出来事です。**アモワイヤル**が初来日した時、A線にプリム（スチール弦）を使用していると噂になった次の日には、音大生が我も我もと買いに殺到したのを思い出します。はっきり言ってその性能には疑問のある弦なのですが、などと言っても、誰も私の意見に耳を傾けてはくれません。瞬間のブームは、あっと言う間に過ぎ去り、2ヵ月後には誰もプリムのAとは言わなくなりました。きっとアモワイヤルは弦代をけちってスチールのA線を使っていたに過ぎなかったはずです。

　蛇足はさておき、そのようなピラミッドの頂点にいらっしゃる方々の言葉は確かに正しいのですが、それは既に述べたような、彼らの世界にのみ通用する言葉である、と一般のヴァイオリニストは考えるべきでしょう。

　自分が演奏のできる場を考えるならば、ソロ用の音をひたすら求めるような必要は全く無くなるでしょうし、ヴァイオリンそのものに振り回されるような狭隘（きょうあい）な気持ちは消し飛んでしまうはずです。**基礎編V章（3）**で説明したように、「ハイ・アーチのヴァイオリンは買うな」というような間違った考え方は、実は齋藤先生のおっしゃった言葉を誤解した方々の言葉が、ピラミッドの頂上から裾野に広がるうちに更に強調されてしまった結果なのです。同時代のフラットのものよりは多少音量で負けるとはいえ、音質の面では極めて優れている、オールドのハイ・アーチ・ヴァイオリンを選択肢に入れないほど愚かなことはありません。「明るい」「気高い」音質は、音を遠くまで運んでくれることを忘れてはいけません。齋藤先生は、「良い音」であれば、ハイ・アーチであろうがロー・アーチであろうが、ためらい無く、弟子に勧めていたという事実は事実として受け止めてほしいと思います。音量をさほど必要としない立場にいるのであれば、音質の良いオールドのハイ・アーチ・ヴァイオリンこそ大切な存在になり得るでしょうし、何よりも高いお金を払う必要がなくなるだけでも大助かりです。例えば**Carcassi、Gabrieri**（基礎編p.99）などは 2000～3000万円で購入できるはずですから。

　結局、現在の、将来の、自分が活躍できる場というものを考慮して、ヴァイオリンを選定する方法が一番賢明だと私は思います。クヮルテットが好きで、クヮルテットを一生の糧として過ごすのであれば「大音量など不必要、音質の良いヴァイオリンを求めよう」という考えで良いでしょうし、自分はアマチュアで、自分が楽しめればそれで良しとすれば、「音のやわらかい、自分の耳に聴きごこちの良い」音を求めれば事は足りるでしょう。上を見たらきりがありません。そのように自分の立場に見合った音を捜し求めるのであれば、ヴァイオリンの選択肢はもっともっと広がり、大金を払う必要も無くなります。高額の銘器を求めることも、それは個人の自由とは言え、まさか所有するヴァイオリンの優劣、ブ

ランドで演奏者としての格を決めてくれるような甘い世界ではありません。ましてやプロを目指す人々は、自分自身が創り出す固有の「音楽」「音色」をブランドにすべき立場にあるはずで、特に、自分の腕、現状、将来を見据えてヴァイオリンを選択すべきでしょう。自分のブランドを確立すれば、銘器は自ら後を追ってくるものです。

　ソロ演奏というものは、音楽の広い世界の中では、極々小さな一翼を担っているに過ぎないことは皆さんも認識されているはずです。素晴らしい演奏家はソリスト以外の所にもたくさん存在します。ニューヨーク・フィルのコンサートマスターを長年務めた**ロドニー・フレンド**が戯れに私に言いました。

　「ニューヨーク・フィルのメンバーはみんながソリストだと思っているから、ストラッド、グァルネリ、グァダニーニと、錚々たる銘器を皆が力まかせに弾きまくるんだ。それはそれはすさまじい音響をもっているんだよ。ところがウィーン・フィルのメンバーは、自分達はオーケストラの一部品に過ぎず、すべての部品が影響し合って素晴らしい音楽を聴かせられるという一体感を持っているから、ヴァイオリンの性能などに左右されないんだ。ウィーン・フィルのメンバーはウィーン派のガイゼンホフ（現在はMöckelファミリーも使用。基礎編P108）という室内楽用のヴァイオリンを皆使用しているんだよ。楽器に優劣はあっても、オーケストラとしての実力はウィーン・フィルの方が上だと僕は思うよ。

　ちなみにロドニー・フレンドの愛器はGuarneri del Gesuで、現在の相場は6億円以上。ウィーン・フィルの**Franz Geisenhof**（1754〜1821Wien、基礎編p.110）の相場はたった300万円に過ぎません。音楽という芸術、なんと奥行きが深く、面白いものだとは思いませんか。

(3) イタリアの音？

　ヴァイオリンの音色はいろいろに表現されます。中には奇妙きてれつな言い回しもたくさんあり、最も冴えたる一つが「**イタリアン・トーン**」、「**フレンチ・トーン**」、「**ジャーマン・トーン**」でしょう。このような表現をなさる方々は「イタリアン・トーン」を最上のものとし、次に「フレンチ・トーン」があり、馬鹿にしているという意味で「ジャーマン・トーン」と差別なさっているようです。

　そのような方々に「イタリアン・トーンて何ですか？」と訊くと、大概は言葉に詰まって的を射た答えを出してはくださいません。せいぜい「ストラディヴァリのような音」というところでしょうか……ところで彼らはストラディヴァリを弾いたことがあるのかな？……。まして「フレンチ・トーンは？」「ジャーマン・トーンは？」と突っ込むと、目を白黒、顔を真赤にしてもごもごしてしまいます。それもそのはず、そのような区分けは初めから間違っているからです。そもそも「イタリアの音、フランスの音、ドイツの音とは何

ぞや」という命題は存在し得ません。

　念のため、彼らの脳中におわしますイタリアン・トーン、フレンチ・トーン、ジャーマン・トーンを総合して表現してみますと、どうやら、「明るい、しなやかな音質で、よく通る音」をイタリアン・トーン、「音量はあるが音質に味がない音」をフレンチ・トーン、「硬い、暗い音質で通らない音」をジャーマン・トーンということになさっているようです。そしてここが面白いのですが、イタリア・ヴァイオリンはすべてイタリアン・トーンであり、フレンチ・ヴァイオリンはすべてフレンチ・トーンであり、ジャーマン・ヴァイオリンはすべてジャーマン・トーンであると決め込んでいらっしゃるようなのです。そこには何の論理性もない、「無知」としかいいようがない単細胞的世界が横たわっています。したがってジャーマン・ヴァイオリン、フレンチ・ヴァイオリンはのっけから駄目、と勝手に決め込んで、イタリアン・ヴァイオリン以外はヴァイオリンではないようなおっしゃり方をなさいます。ヴァイオリンを教える立場の方々にも、結構そのような頭脳をお持ちの方もいらっしゃいますから、日本のこの世界、なかなかアカデミックにはなれません。何も知らない、可哀想なのがお弟子さんたちです。先生の言葉を鵜呑みにすることになり、何が何でもイタリアンという世界にほうり出されることになってしまうのです。そして弓も同様、何が何でも "フレンチ・ボー" なのです。

　社会倫理的に考えてみても、ドイツ人のメーカーの作品を「ジャーマン・トーン」などと蔑称することが許されるはずもありません。ここ数十年来、ヴァイオリン製作、弓製作の国際的コンペティションでは、ドイツ系、そしてその他が上位を独占しており、イタリア人メーカーの、弓に関してはフランス人メーカーの入賞はごくごく稀なことを、こういう方々は御存知でいらっしゃるのでしょうか。

　復習してみましょう。

　ヴァイオリンそのものの音色は、材質、外形、アーチ、f 孔、表裏横の厚み、横板の高さ、ニス（以上、まとめて "パターン" とここでは言っておきます）、そして経年によって決まります。したがってストラディヴァリをコピー、レプリカした銘器であれば、同じパターンですから、ヴァイオリンそのものの音色は「イタリアン・トーン」の範疇にあるはずです。18世紀後半〜19世紀初頭以降、世界中のメーカーがストラディヴァリの "パターン" を土台に製作しており、したがって、「フレンチ・トーン」も「ジャーマン・トーン」も存在しようがありません。ストラディヴァリ "パターン" のドイツ人の作品も「イタリアン・トーン」ですから「イタリアン・トーン」も存在しないことになります。

　確かにストラディヴァリの音色は秀でていますが、それは経年の賜です。「ストラディヴァリのような音」をイタリアン・トーンとするなら、モダン・イタリアン、新作イタリアンは「イタリアン・トーン」ではなくなってしまいます。

更に、皆さんが耳にするヴァイオリンの音色は「ヴァイオリンそのものの音」＋「弓」＋「弾く人の腕」＋「フィッティング」（**基礎編Ⅱ**、**Ⅲ章**）によって成り立っています。本質的に「良い音」を持つヴァイオリンでも、下手が弾いたのではその「良い音」は絶対に出てきません。レベルの低いヴァイオリンでも上手が弾けば、それなりに良い音で聞こえますし、駒一枚で音は変わります。

軟らかい音色を持つ弓を使えば、硬い音質は軟らかくなりますし、暗い音質のヴァイオリンは、明るい音色を持つ弓で明るい音質に変身してくれます。また、大音量を持つ弓も存在します。ただし、弓も腕に左右されます。下手な弾き手が使ったのでは、弓の持つ音色の違いは絶対に引き出せません。

上手にもいろいろあり、何を弾いても明るい音を持っている人、野太い音を持っている人、艶っぽい音を持っている人など、弾き手固有の音色というものも存在します。弾き手固有の音色もまた存在するのですから、皆さんが耳にする音にもイタリアン・トーン、フレンチ・トーン、ジャーマン・トーンなどは存在しようがありません。件の方々の論法からすれば、イタリア人が弾けば「イタリアン・トーン」、フランス人が弾けば「フレンチ・トーン」、ドイツ人が弾けば「ジャーマン・トーン」になってしまいます。

ヴァイオリンの持つ本質的な音色は“パターン”で決まると申しました。したがって“パターン”の違いから音の違いが生じ、大雑把なニュアンスで捉えれば、“アマーティのような音”、“ストラディヴァリのような音”、“デル・ジェスのような音”、“シュタイナーのような音”、“クロッツのような音”、“ガン＆ベルナルデルのような音”、“プレッセンダのような音”、“ガリアーノのような音”、つまり、「〜のような音」の存在は認めても良いかもしれません。ただし、同じメーカーでも“パターン”を変える時があります。例えばストラディヴァリには四つのパターンがあり、パターンに応じて「初期の音」、「ロング・パターンの音」、「黄金期の音」、「晩年の音」に区分できます。「初期の音」はアマーティ・パターンですから「アマーティのような音」であって、ストラディヴァリの音ではありません。真のストラディヴァリの音を求めるなら「黄金期」「晩年」の作品を買わなければ意味を為しません。初期の作品に高額を払うようなら、真正アマーティを買うべきでしょう。同じ音は半値で買えます。G.B.グァダニーニにしても“パターン”は四つあり、ピアツェンツァ時代とトリノ時代とでは音色は全く違います。パルマ、トリノ時代の音がグァダニーニの「良い音」なのです。

コンテムポラリー・メーカーでも同様のことが言えます。同じ“パターン”をほぼ貫いている**“Ivano Coratti**（イヴァーノ・コラッティ）のような音”**“G. B. Morassi**（G. B. モラッシ）のような音”**“Eckart Richter**（エッカルト・リヒター）のような音”**Klaus**“**Schlegel**（クラウス・シュレーゲル）のような音”は存在します。

最近「〜」作のヴァイオリンはありますか、という作者指定の問い合わせがよく入ります。コンテムポラリー・イタリアン・メーカーの指名が主流ですが、友人の持っている「〜」作のヴァイオリンが素晴らしい音をしているので捜している、もしくは皆が知っている名前なので購入したい、というところに理由はあるのです。しかし、作者を指定して音を求める姿勢は、最も愚かな選定法の一つでしょう。基礎編p.142‐（23）で述べたように、同じメーカーが同じ"パターン"で作ったとしても、同じ音は絶対にしないからです。G.B.モラッシのような音は存在するけれども、個々のモラッシを比較すれば、あるものは音量が無く、あるものは音質が硬いなどと、一本一本違う音色を持っているからです。

友人の持っている「素晴らしいモラッシの音」はたまたま「そのモラッシ」の持っている音であり、その他のモラッシの音ではないことを知っておかなくてはいけません。そして、「その素晴らしいモラッシの音」と同じような音は、別のメーカーの作品にもたくさんあるのでは、と考えるべきでしょう。皆さん方の知っているコンテムポラリー・メーカーの名前は、いいところ数人〜十数人だと思います。しかも売らんがための一部のディーラーたちのコマーシャリズムに乗ったブランド名のみのはずです。イタリアだけでも優に300人、世界中では1000人近く優秀なメーカーがいるはずです。作者指定の方々は「井の中の蛙大海を知らず」の陥穽に完全にはまっています。毎度繰り返しますが、音の選定はたくさんのヴァイオリンを弾き比べることにつきます。一人のメーカーをターゲットにするようでは選択肢は全くないわけですし、もっともっと「良い音」に巡り会えるチャンスを自ら放棄していることにもつながります。"よくもまあ「良い音」の星が集まったものだ"と大銀河を想定してください。そして天の川を仰いでみましょう。無限大に広がった大空間に「良い音」の星が無数に煌めいています。その中にあるたった一つの星を捜し求めるような、むなしい行為はくれぐれもなさいますな、どの星をとっても、それはそれは美しく煌めいているのですから。

（4）オールドの音？　新作の音？

新作（コンテムポラリー）の音は硬く、オールドの音は軟らかく深味があると思い込まれ、コンテムポラリー・ヴァイオリンを毛嫌いする方々がいらっしゃいます。車や船が新品の場合、動きが堅く、エンジンもスムーズに回転してくれない、という経験則などから、新作ヴァイオリンもそうであろうと帰納なされていらっしゃるのでしょう。確かにヴァイオリンは、新作のみならずオールドですら慣らし運転を必要としますから、そのようなお考えは必ずしも間違ってはいないのですが……ことヴァイオリンに関しては、決して正し

い考え方ではないことを、この項をお読みになってご理解ください。

　少なくとも「新作の音は硬い」という誤解は、絶対に捨てていただきたいと思います。

　先に"シルバー・トーン"を「オールドの音？」と簡単に紹介しておきましたが、オールド・ヴァイオリンすべてがシルバー・トーンを持ち合わせているわけではありません。確かに経年がシルバー・トーンを与えてくれるのですが、経年を論ずる以前に、作品の出来不出来、つまり作りの良い銘器、作りの下手な駄作であるかないかが音を規定する最も大切な要素であることは、このシリーズで再三述べてきたことです。オールドの駄作より、モダン、コンテムポラリーの銘器の方がずっとずっと良い音がするのは、とうに経験済みのことです。

　さて、ここで"シルバー・トーン"を吟味してみましょう。

　何となく良い意味合いで使われているこの言葉は、要約すれば「オールドの銘器の持つ『良い音』」ということになるのでしょう。駄作が圧倒的に多いのはオールド・ヴァイオリンですから、いきおい、シルバー・トーンを持つヴァイオリンの数が限定されてしまうのは致し方ありません。音を言葉で表現するのは至難の技ですが、"シルバー・トーン"とは「E、Aは金の鈴を振ったような、もしくはシャリシャリというような明るい音質でよく通り、D、Gはこもりぎみの音色で、なおかつ『Z音』を強く持っている音」とでも言っておけば、当らずといえども遠からず、という気がします。

　そもそも四つの基本パターン（**基礎編p.24**）に則って作られ、なおかつ正しくフィッティングされたヴァイオリンのE、Aは、当たりはずれなく良い音の基準ラインはクリアしています。つまり、音質の差異から程度の高低はあるにしても、オールドであろうと新作であろうと、銘器であろうと駄作であろうと、ファクトリー・メードであろうと、いずれにせよ本質的にE、Aはよく鳴り、明るい音色が出るように作られているのがヴァイオリンの形というものです。したがってD、Gの音色の違いが、特に、シルバー・トーンでは強調されることになります。皆さんも選定に際しては、E、Aは明るく鳴ってさえいれば、それ程神経質にチェックはなさらず、G線の音色を入念にチェックすることで、そのヴァイオリン全体の音色を、暗いとか明るいとか硬いとか判断されているはずです。そしてそれは無論、正しい選定法の一つでもあります。

　オールドの銘器にある**"こもり"**は結局、表、裏板の厚みがモダン、コンテムポラリーより薄く木取られていること、そして経年に起因します。ところで、この"こもり"こそが、ヴァイオリン特有の情感のこもった、甘美な音色を醸し出しているのです。こもり過ぎは救いようがないにしても、こもった音は遠くまで聞こえないと教えられ、少しでもこもりがあると、そのヴァイオリンを敬遠してしまう傾向が最近の日本人ヴァイオリニストに多いのは、信じがたい程不思議な現象です。音量の大きさのみを大切にし、もっともっ

と大切な音質をないがしろにしているようでは、良い音楽家は育ちません。音の潤いを求めず、大音量をひたすら追求する風潮は、何か寒々とした昨今の日本社会を彷彿とさせます。ヴァイオリン人口が多い割に、世界中の人間すべてを感嘆させられるような、偉大な演奏家が少ないのは、この辺のところに理由があるのかもしれません。いずれにせよ、こもった音色を駄目とするならば、"シルバー・トーン"の存在を完全に否定することにつながってしまいます。確かにこもった音色そのものは、ストレートな音色より聞こえの度合いは小さいはずです。ではなぜシルバー・トーンの醸し出すG線の音は、ソロ用の使用に耐えうるのでしょうか。……その答えは「Z音」に求められます。

　「Z音」はE、A、D、Gすべてに共通するもので、例えばストラディヴァリ固有の、あのシャリシャリという何とも言えない素敵なE線の音質も、Z音が強いゆえに聞こしめす音なのです。ここでは最も聴き取りやすいG線のZ音に限定して説明しましょう。

　銘器のG線を弾くと、音程には関係なく「ジー」とか「ズー」という**芯のある濁音**が一緒に聞こえてきます。この音を我々は「Z音」と言っています。四つの基本パターンのうち、ストラディヴァリ・パターンに一番強く出るようです。このZ音が、"こもり"を遠くに運んでくれると同時に、音に「深み」を与えているのです。銘器であればある程、Z音は強くなります。ヴァイオリンによっては、弾き手の耳にはうるさい位に聞こえる場合もある音ですが、遠く離れた聴衆には、深味のある、人間の心を心底から揺さぶるような音色を聞こしめているZ音なのです。

　「こもり」が甘美な音色と和音の美しさを、「Z音」が力強さと深みのある音色を与えることから、両者を兼ね備えた"シルバー・トーン"を持つ、ストラディヴァリ、グァルネリ・デル・ジェスに代表されるイタリア50人衆のヴァイオリンが銘器中の銘器と言われる所以になっているわけです。無論イタリアン・ヴァイオリンのみではありませんが。

　さて話を新作（コンテムポラリー）に戻しましょう。新作で、表、裏板の厚みが平均値（**基礎編p.19**）より薄ければ、そのヴァイオリンの音色は間違いなくこもっています。ただ単にこもっているだけで、Z音の存在は皆無です。軟らかくは聞こえますが、力強さは感じられず、したがって音量はありません。クレモナの栄光時代（**基礎編p.79**）のヴァイオリンの多くは平均値より木取りは薄く、きっと同じような音がしていたはずです。しかし、Z音は経年と共に強くなりますから、**基礎編p.143 -（27）**で述べたように、経年がその分を補ってくれた結果、Z音を持つようになり、現在、一級のソロ用として君臨できているわけです。

　モダン、コンテムポラリーの銘器と言われているヴァイオリンの大半は、表、裏板の厚みがクレモナの栄光時代より少し厚めになっています。ここに彼らの工夫があったのです。なぜなら厚みを少し増すことで、彼らはいきなり「Z音」を獲得できることを知ったからで

す。Z音は何もオールド・ヴァイオリンの特権ではなく、実はモダン、コンテムポラリーの銘器も同様に持っている音なのです。こもりがないにしても、Z音がありますから、モダン、コンテムポラリーの銘器は少なくとも力強い、深みのある音色を持っています。表、裏板の厚みを、限りなくオールドの銘器に近づけ、巧みに「こもり」と「Z音」両方の獲得に成功した、更に上を行く名人も、モダン、コンテムポラリーには結構たくさんおります。

フィッティング直後の状況での新作の音は確かに硬さを感じさせますが、「Z音」は初めから聴き取れます。この硬さは未だ表板しか振動していないゆえですから、弾き込みによってほぐれていきます。ヴァイオリンによって時間差はありますが、裏板まで振動しているような感じを覚えたあたりから、ヴァイオリン全体が虫の羽のようにフレクシブルに振動するようになり、硬さは確実に取り除かれることになります。オールドの銘器にしても同じ状況にあり、フィッティング直後の音はまとまりが無く、なおかつ硬いイメージが残り、それはなかなか払拭できませんが、やはり弾き込みがそれを解消してくれます。もっとも、初めからこもりぎみの軟らかい音色を持っていますから、硬さの程度は新作とは比ぶべくもありませんが。

音を言葉で説明する難しさに直面してしまいましたが、オールド、モダン、コンテムポラリー・ヴァイオリンの銘器の音のありようというものを少しはご理解頂けたと思います。形のせいか、ニスのせいか、材質のせいか、とにかく「こもり」も「Z音」も持ち合わせない、単調な音色のオールド・ヴァイオリンも多数存在することからすれば、新作、モダンの音は決して侮れないことをお忘れなく。

（5）真贋を大切にすべきもう一つの理由

ヴァイオリンには「格」というものがあって、大まかな値段（相場）は、その「格」によって市場で決められています。しかし、個々のヴァイオリンについてみた場合、値段と「音」とは必ずしも一致しているとは限らないのです。つまり、ヴァイオリンという世界には、「音」という、本来一番大切な要素であるべき性能と値段とが、必ずしも一致しないという摩訶不思議な世界が横たわっています。このことは既に皆さんご承知です。

しかし、例外も存在するということは、本質的には格に準じた音の差が厳然と存在し、各作者の持っているであろう「音の実力」というものが信頼できての話です。したがって値段のみならず、音に関しても、真贋、格を大切にすることが、購入に関わる根本的要素を構成する本流であることを忘れてはいけません。格上のヴァイオリン程より良い音がする、もしくは誰々の作品ならばこの程度の音はするはずだ、という確信を抱いて音の選定

をしなければ、あたら銘器を取り逃がすことになりかねません。

　今まで述べてきたこととは少し矛盾を感じさせる内容ですし、皆さんを戸惑わせるとても難しい問題なのですが、大切なことなので是非ご理解ください。

　贋作、偽物、安物であっても音が良ければそれで良し、という考え方は間違ってはいないはずです。ただし、それ相応の値段を支払った場合の話で、偽物に真作の値段を払ったのでは何の意味もありません。

　また、真作であっても、兎にも角にも音が気に入ってしまったという理由で、相場の大切さを失念してしまう買い方も感心できません。

　この音こそが自分の追い求めたものだと思い込み、相場などお構いなしに2倍、3倍ものお金を捨てるような買い方は、世界遺産ともいうべきヴァイオリンの流通を滞らす遠因を作ります。そのような買い手の身勝手な行為は、たとえ小さな石つぶとはいえ、世界中の人々に迷惑をかける大きな波紋の素になり得るのです。ヴァイオリン市場は他と比ぶべくもなく小さな世界で、波紋はみるみる広がり、「『～作』が相場の3倍で売れた」などという情報は、1週間後には既に世界中に伝播しています。結果として『～作』の相場は、たちどころに上昇し、それはとりもなおさず他の銘器の相場をもひきずり上げることを意味します。昨日まで1000万円で買えたヴァイオリンが、朝には世界中どこに行っても2～3000万円になっているとしたらどうでしょう。自分の好きな音を自分のお金をはたいて買って何が悪い、などとお考えになったら、それは単なる驕慢に過ぎず、世界中のヴァイオリニストたちを困らせる愚かな行為を果たしたに過ぎないことを、そのような方々は思い知るべきです。バブル以降、特に日本が悪しき波紋の中心におり、世界中を相手にする日本の一流ディーラーたちは肩身の狭い思いをしています。

　真贋、保存状態、値段などに問題がある時は、いくら音が気に入っても買わない勇気を持つことが必要です。そのような皆さんの勇気の積み重ねが、友人の、そして未来のヴァイオリニスト達の銘器の購入を容易にさせる礎になるからです。

　ヴァイオリンには格があると申しました。本書では主として値段に直結する、骨董品としての格について説明してきましたが、元を正せば「格」は、各ヴァイオリンの持つ音の性能の違いを出発点としています。したがって、格イコール値段と言う以前に、"その作者のヴァイオリンであればそのような音がするであろう"という見識は、ほぼ普遍化し、一種の不文律になっているのです。

　試奏のみを選定の手段とし、"その場での音の良し悪し"からヴァイオリンを購入されている一般のエンド・ユーザーの方々も、我々と同様、"誰の作ったヴァイオリンだから"という根本的な要素も同時に大切にし、考慮に入れる必要が本当はあります。私共ディーラ

ーが真偽にこだわる理由は、何も値段だけの問題ではなく、ヴァイオリンの名前そのものに「音」の性能が、言うまでもなく、当たり前に抱含されていることを承知しているからです。つまり、フィッティングなどされていなくとも、どこかの納屋から200年振りに発見されたヴァイオリンにせよ、作者名が分かればそのヴァイオリンがどの程度の音がするのかの想像はつき、そのままの状態でそれ相応のお金を払っても、音の面からの失敗はほとんどないことを私共は知っているのです。

　オールドにせよ、モダンにせよ、コンテムポラリーにせよ、ヴァイオリンの銘器がもともと持っている音の性能は、安物のヴァイオリンとは比ぶべくもないほど奥が深く、その性能を出し切るのは容易なことではありません。つまり、充分な**弾き込み**、しかも正しい弾き込みを必要とし、弾き込んでも弾き込んでもその懐の中枢にはなかなか到達できないものです。短期間で音が出切ったとしたら、それは銘器とは言えないかもしれません。
　ヴァイオリンは、ディーラーによって、レストレーション、リペア、そして最終的にはフィッティングが完全に行なわれた後、売り物として供されます。ヴァイオリンを新たに組み立て直すわけですから、たとえオールドと言えども、音の点から鑑みれば、未だ誰も弾き込んでいない新品と変わらない状態に置かれているとも言えるはずです。
　では、ディーラーの手を経ず、使用されていた現役のヴァイオリンを直接購入したのならば、弾き込みという手間は不必要では、とお考えになられたとしたら、それもまた短絡的に過ぎるのです。ヴァイオリニストの弾き方、音の出し方は各人各様で、それは十人十色と言い切れるほど千差万別です。そのヴァイオリンは、持ち主固有の弾き方によって能力を発揮していたわけで、持ち主が換われば、そのヴァイオリンは新たな出発を強いられることになります。弾き手が換われば、やはり新たな弾き込みを必要とするのです。

　そこで購入に際して問題になるのが試奏期間です。銘器の性能を完全に自分のものにするには最低2〜3ヵ月、ひょっとして2〜3年の弾き込みを必要とするかもしれません。多くのヴァイオリンに接した経験のある名ヴァイオリニストにですら、少なくともヴァイオリン本体全体を虫の羽のようにフレクシブルに振動させるには1〜2ヵ月の時を必要とさせるのが真の銘器というものです。
　まして経験に乏しい音大生や一般のユーザーは弾きこなし方すら知らないはずで、結局自分の技術の及ぶ範囲で、しかも短期間のうちに、自分にとって最も良いと思われる音のヴァイオリンを選定しているのが一般的な姿勢です。しかし、そのような姿勢のみでは、必ずしも最良の結果を得られないところに音選定の難しさがあります。
　安物は容易に音の全容を披露してしまいますが、銘器はなかなか言うことを聞いてはくれません。選定に際して2〜3ヵ月の試奏期間を売り手が与えてくれれば優れた性能を確信

できたりもするでしょうが、そんなに長い期間ヴァイオリンを委託したのでは、売り手の商売は上がったりです。せいぜい1〜2週間が一般的な試奏期間でしょう。やむを得ないとはいえ、そのような短い期間内に試奏、比較した中で、最も音が良いと思われるものを、つまりその場で弾き出せた音のみを判定材料とし、選定してしまうという買い方が日本では一般的になっています。作者名、将来の音の可能性などは全く無視してしまうのです。真に良い音、生涯の伴侶とする音を求めるのであれば、短期間の音比べでは本当は足りません。

　しかし一流のヴァイオリニストは、先程申しましたように、この作者の真作ならばいずれすごい音になるだろうとか、誰が使用していたものだろうかとか、現時点でこれだけの音がしているのなら弾き込みによってもっともっと良い音になるのでは、とかいう類の客観的な判断をより重要視していますから、試奏期間はせいぜい1〜2時間、多くて1日で事足らしてしまうのです。欧米のエンド・ユーザーも、たった1〜2週間の弾き込みでは大した意味をなさないことは充分承知しており、したがってやはり試奏期間はあっという間で、代わりに、その場の音よりは特に真贋にこだわってヴァイオリンを選定しています。我々ディーラーと同様、本物ならば、将来の売買を容易にしてくれるという安心感のみならず、将来必ず素晴らしい音になるという確信を持っているからです。そしてその確率がほぼ100％に近いことは、私の経験でも実証済です。

　選定の場では他のヴァイオリンより多少劣っていたとしても、名のある『〜作』の真作を買っておけば、弾き込みをすればする程その名に値する素晴らしい音になり、いずれ遠からず、他などとは比ぶべくもない理想の音に到達するであろう、という一流ヴァイオリニストの正鵠を射た考え方を是が非でも参考にしていただきたいと思います。

　真に音の良い銘器を選定する秘訣は、選定時の音は腹八分目で良しとし、あとはヴァイオリンの作者、将来性を信頼し、一所懸命弾き込もうというところにあります。

　いずれにせよ、銘器であればある程音の到達点は高く、弾きこなすために様々な勉強を強いられるはずです。ヴァイオリンと格闘すると言っても言い過ぎでありません。しかしそのことが、知らず知らずのうちに自分の技量を向上させていることも忘れないでください。

　なかなか言うことを聞いてくれないのも銘器ならば、御主人様の技量を正直に映し出してくれる魔法の鏡もまた、真の銘器なのです。

Chapter VII

弦
（絃 Strings ストリング）

（1）弦の基礎知識

　一般的に、現在のヴァイオリン弦は、**スチール**（Steel、鉄鋼）の単線（Solid Line、ソリッド・ライン）が多い E 線を除いて、一部の E 線、そしてすべてのA、D、G線は、芯（Core、コア）となるスチールやガット（Gut、羊腸）の上に、グラス・ファイバー等の繊維類を、更にその上に、つまり一番外側に金属類のソリッド・ラインを巻き付けた（Wound）三重構造、もしくは四重構造からなる巻き線になっています。このコアとなる部分の材質によって**ガット弦**、**ナイロン弦**、**スチール弦**などと区分けされ、販売されています。

　弦の歴史を詳しく研究した文献を私は知りませんが、いずれにせよ弦は、

> ① **裸ガットしか無かった時代**
> 　　↓
> ② **スチール弦、ガット弦の時代**
> 　　↓
> ③ **ナイロン弦、ガット弦が主流の時代**
> 　　↓
> ④ **ポリマー弦**（Polymer、合成高分子化合物、ナイロン弦もこの範疇に入る）、
> 　　**スチール弦が主流の時代**

という変遷を歩んできました。

　ドイツの**ピラストロ社**が、1965年、高性能のガット弦"**オリーブ・エンド**"を開発して以来、つい5年ほど前までが②③の時代、現在は④の時代になりつつあり、ヴァイオリン弦は本格的な革命期を迎えたと言えるでしょう。

　オーストリアの**トマスチック社**によって高性能のナイロン弦"**ドミナント**"が15年ほど前に開発されて以来、新技術によるスチール弦、ポリマー弦の開発ラッシュが世界中で始まり、"オリーブ・エンド"とのせめぎ合いが続いておりました。しかし、圧倒的な支持を得ていたガット弦の王者"オリーブ・エンド"も、次から次へと開発される高性能ポリマー、スチール弦の前にはたじたじで、ガット弦がヴァイオリン界を席巻した時代は終焉を迎えつつあるようです。"オリーブ・エンド"に優るガット弦がとうとう開発されなかったという歴史の事実がそれを証明しています。

　私の予測では、高性能ポリマー、スチール弦のみを必要とする時代が早晩訪れ、最終的には高性能スチール弦が将来を席巻すると思われます。

　弦に関する基本的な二原則**a）**、**b）**は絶対に覚えておきましょう。

a）コアとなる材質が基本的な音色を決定しており、音質はガットが一番硬く、ポリマー、スチールの順に軟らかくなっていき、音量はガットが一番小さく、スチール、ポリマーの

順に大きくなること。

　ガット弦の音質が一番軟らかいと思われていた方々は、それが全く間違った知識であることを知っておいてください。ガット弦の特出した性能は、**レスポンス**（Response、弾いた時の音の応答）が鋭敏であるという一点のみです。

　スチール弦は、ヴァイオリンに最も適した大音量、そして軟らかみのある甘い音質を持っているのですが、技術的な問題でやむを得ないとはいえ、欠点の多い**ソリッド・コア**（単線のコア）が長年使用されていました。ソリッド・コアの弦は、**弾伸率**（弾いた時の伸び率）が大きく、E線は別にして、特にD、G線は、強く弾くと音程が高音域に上ずってしまい、演奏会では使えないという欠点を持っています。その欠点ゆえ、長い間ガット弦を優位にさせてきました。そのような欠点を補う意味で、ピラストロ社の"フレクソコア"のように細い何本ものスチールを編み込んだコア（**ロープ・コア**）にしたり、トマスチック社の"スピロコア"のようにスチールをねじり込んだコア（**スパイラル・コア**）にしたりというような、工夫を凝らしたスチール弦が開発されもしたのですが、"オリーブ・エンド"より優位には立てませんでした。

　しかし、近年、**スチール・フィラメント**（毛髪のように細かい剛線）の入手が容易になり、それを束ねて単線にしたり、ロープ・コアやスパイラル・コアにしたりすることによって、レスポンス、弾伸率は驚異的に向上し、音程が狂うという欠点からスチール弦は完全に解放されました。その代表例が、アメリカの**ダダリオ社**の"**ヘリコア**"です。レスポンスで少し劣るとはいえ、大音量に加え、軟らかい、甘い音質を持つ分、総合点は最上位を行っていると言えるでしょう。

　ポリマー弦は、無論ポリマーの単線ではなく、細かいファイバー状の繊維を束ねたものをコアとしています。したがってレスポンス、弾伸率はガット・コアとほとんど変わりが無く、加えて軟らかい音質、そして何よりも大音量を持っているという点からしてガット弦を完全に超越しています。値段の安さも特筆すべきことでしょう。敢えて難を言うならば、性能の劣化がガットより早いというところでしょうか。

　コア4種類の長所・短所を表8にまとめました。

表8　各コアの長所・短所

コア	音質	音量	性能の持続性	レスポンス	弾伸率
ガット	硬い	小	中間	鋭敏	小
ポリマー	軟らかい	大	短い	敏感	小
スチール（ロープ、スパイラル）	軟らかい、甘い	大	長い	敏感	小
スチール（ソリッド）	軟らかい、甘い	大	長い	鈍感	大

ｂ）線密度（単位長さ当たりの目方）が大きいほど弦の性能は良い。

　弦は細ければ細い程性能は良くなり、線密度を高くすればする程弦を細くできます。コア、巻き線に同じ材料を使用した場合、音程を低くさせるには弦を太くさせる必要があります。しかし、弦が太くなればフレクシブルな振動を失いますし、タッチする指頭が痛くて押さえられなくなってしまいます。それゆえ、巻き線に、密度の高い金属を使えば線密度は大きくなり、同じ音程でも弦を細くできます。例えばG線の音を得るのに、主としてA、Dに使う、密度の小さいアルミニウムを使用すれば、太さはD線の倍近くにもなってしまい、弦としての使命は果たせません。G線の巻き線に高密度の銀や金、タングステンを使用する理由はここにあります。

　表9は、ヴァイオリン族の弦に使用される金属の密度の大小を示したものです。

表9　各種巻き線用金属の密度の高さ。右に行く程重い。

　　アルミニウム（Al）＜チタン（Ti）＜クロム（Cr）＜鉄（Fe）＜ニッケル（Ni）＜洋銀（Fe＋Zn＋Ni）＜亜鉛（Zn）＜銅（Cu）＜銀（Ag）＜金（Au）＜タングステン（W）

（2）市販弦の種類と素材

　市販されている弦を紹介します（表10）。（1）のa）b）、表8、9を参考にしていただければ、各弦の持つ特徴を、大雑把ではありますが理解できるはずです。

　表10の記号を説明する前に、太さ（ゲージ）の違いにより、何種類もが同じ弦にある場合があり、どのような太さなのかは各弦の入れ物に表記してあることを知っておいてください。太さの〔あるいはテンションの〕違いによる種類と順位は、クレッシェンド・マーク（＜）と共に、表の備項欄に記載しました。例えば"ドミナント"はE、A、D、G、各弦に"Weich（弱い）＜Mittel（中間）＜Stark（強い）"の3種類があり、右に行くに従って弦は太く、もしくはテンションが強くなります。つまり、3種類のうち"Stark"の弦が一番音量があるということになります。但し、音量がある程より良いとは絶対に思わないでください。そのことは（3）で説明致します。

　また、太さをそのまま数値で表わしている弦もあります。数値が大きくなる程太くなり、テンションも強くなります。例えばピラストロのガット弦、オイドクサとオリーブのA、D、G、各弦には"13 1/4"とか"16"などと太さを表記した札が付いています。この数値は**ピラストロメーター**（Pm）といい、1Pm=0.05mmになっています。A線では13 1/2が、D線では16 1/2が、G線では15 3/4が標準の太さで、この数値より小さければより細く、テンションは弱くなり、大きければより太く、テンションが強くなって行きます。

表10の記号［（1）を参考にしてください］
  Gut　→ガット（羊腸、羊の腸をねじって乾燥、特殊処理したもの）
  So　→ソリッド・スチール（単線の鉄鋼）
  Sp　→スパイラル・スチール（細い5～6本のスチールをねじり込んだもの）
  Sr　→ロープ・スチール（細い5～6本のスチールを編み込んだもの）
  Sf　→フィラメント・スチール（毛髪のように細いスチールを束ねたり、スパイラルしたり、ロープしたりしたもの）
  Sc　→ソリッド・クロム鋼（単線のクロム鋼、クロムの入った鉄合金）
  Sn　→カーボン・スチールの単線
  Syn　→ファイバー状の合成高分子化合物の単体、あるいは混合体を束ねたもの（Synthetic Polymer）
  Al　→アルミニウム（アルミ）の単線
  Ag　→銀（シルバー）の単線
  Au　→金（ゴールド）の単線
  Ti　→チタニウム（チタン）の単線
  Cu　→銅（コッパー）の単線
  洋銀　→（鉄+亜鉛+ニッケル）合金の単線
  Hal　→ハイドロナリウム（アルミ-マグネシウムの合金）の単線
  W　→タングステン（ウォルフラム）の単線
  Zn　→亜鉛（ジンク）の単線
  Ni　→ニッケルの単線

表10 普及市販弦と使用されている素材

メーカー	商品名		素材		備項
			コア	巻き線	
PIRASTRO（ピラストロ）	Eudoxa（オイドクサ）	E	So		dünn＜medium＜stark＜extra
		E-alum	So	Al	
		A	Gut	Al	13、$13\frac{1}{4}$、$13\frac{1}{2}$、$13\frac{3}{4}$、14 Pm
		D	Gut	Al	⎱ 16、$16\frac{1}{4}$、$16\frac{1}{2}$、$16\frac{3}{4}$、17 Pm
		D(R)	Gut	Al	⎰ (R)はRigid(堅巻き)の意
		G	Gut	Ag	⎱ 15、$15\frac{1}{4}$、$15\frac{1}{2}$、$15\frac{3}{4}$、16、$16\frac{1}{4}$
		G(R)	Gut	Ag	⎰ $16\frac{1}{2}$、$16\frac{3}{4}$、Pm
	Oliv（オリーブ）	E	So	金メッキ	dünn＜medium＜stark
		A	Gut	Al	13、$13\frac{1}{4}$、$13\frac{1}{2}$、$13\frac{3}{4}$、14 Pm
		D	Gut	Ag-Al	⎱ 16、$16\frac{1}{4}$、$16\frac{1}{2}$、$16\frac{3}{4}$、17 Pm
		D(R)	Gut	Ag-Al	⎰
		D-sil	Gut	Ag	ゲージはAと一緒
		G	Gut	Au-Ag	⎱ 15、$15\frac{1}{4}$、$15\frac{1}{2}$、$15\frac{3}{4}$、16、$16\frac{1}{4}$
		D(R)	Gut	Au-Ag	⎰ $16\frac{1}{2}$、$16\frac{3}{4}$、Pm
	Tonica（トニカ）	E	So		
		E-alum	So	Al	
		A	Syn	Al	⎱ dünn＜medium＜stark
		D	Syn	Al	
		D-sil	Syn	Ag	
		G	Syn	Ag	
	Chromcor（クロムコア）	E	Sc		〔分数も有り($\frac{1}{16}$～$\frac{3}{4}$)〕
		A	So	Sc	
		D	So	Sc	
		G	So	Sc	
	Aricore（アリコア）	E	So		
		A	Syn	Al	
		D	Syn	Al	
		G	Syn	Ag	
	Synoxa（シノクサ）	E	So		
		A	Syn	Al	⎱ dünn＜medium＜stark
		D	Syn	Al	
		G	Syn	Ag	
	Gold（ゴールド）	E	So		
		A	Gut	Al	⎱ dünn＜medium＜stark
		D	Gut	Al	
		G	Gut	Ag	

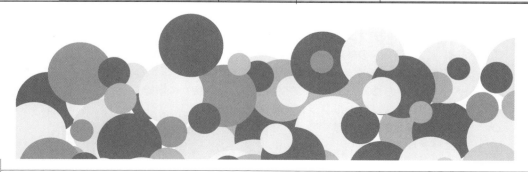

Ⅶ 弦

メーカー	商品名	素材		備項
		コア 素材	巻き線	
PIRASTRO	Obligato (オブリガート)	E-steel	So		〔分数も有り(⅛~¾)〕
		E-gold	So	金メッキ	
		A	Syn	Al	
		D	Syn	Al	
		D-sil	Syn	Ag	
		G	Syn	Ag	
	Evah Pirazzi (エヴァ ピラッチ)	E	So	金メッキ	〔分数も有り(⅛~¾)〕
		A	Syn	Al	
		D	Syn	Ag	
		G	Syn	Ag	
	Evah Pirazzi Gold (エヴァピラッチ ゴールド)	E	So		
		A	Syn	Ti	
		D-sil	Syn	Ag	
		G-sill	Syn	Ag	
		G-gold	Syn	Au	
	Passione (パッショーネ)	E	So-Ag		
		A	Gut	Al	
		D	Gut	Ag	
		G	Gut	Ag	
	Passione Solo (パッショーネ ソロ)	E	So-Ag		
		A	Gut	Al	
		D	Gut	Ag	
		G	Gut	Ag	
	Wondertone Solo (ワンダートン ソロ)	E	So	銀メッキ	
		A	So	Al	
		A	Syn	Al	
		D	Syn	Ag	
		G	Syn	Ag	
	Chorda (コルダ)	E	裸ガット		バロック用
		A	裸ガット		
		D	裸ガット		
		G	Gut	Cu銀メッキ	
		G	Gut	Cu	

メーカー	商品名		素材		備項
			コア	巻き線	
THOMASTIK	Dominant	E	So		〔分数も有り (⅛~¾)〕
(トマスティック)	(ドミナント)	E-alum	So	Al	
		A	Syn	Al	weich＜mittel＜stark
		D	Syn	Al	
		D-sil	Syn	Ag	
		G	Syn	Ag	
	Infeld-Red	E	Sc	金メッキ	
	(インフェルド ーレッド)	A	Syn	Hal	
		D	Syn	Hal	
		G	Syn	Ag	
	Infeld-Blue	E	Sc	銀メッキ	
	(インフェルド ーブルー)	A	Syn	Hal	
		D	Syn	Hal	
		G	Syn	Ag	
	Peter Infeld	Eプラチナ	So	プラチナメッキ	
	(ペーター インフェルト)	E-steel	So	Al	
		A	Syn	Al	
		D	Syn	Al	
		D-sill	Syn	Ag	
		G	Syn	Ag	
	Vision	E	Sn		〔分数も有り (1/16~¾)〕
	(ビジョン)	A	Syn	Al	
		D	Syn	Al	
		D-sill	Syn	Ag	
		G	Syn	Ag	
	Vision Solo	E	Sn		
	(ビジョン ソロ)	A	Syn	Al	
		D	Syn	Al	
		D-sill	Syn	Ag	
		G	Syn	Ag	
	Vision Titanium Solo	E	Ti		
		A	Syn	Al	
	(ビジョン チタニューム ソロ)	D	Syn	Ag	
		G	Syn	Ag	
	Vision Titanium Orchestra	E	Ti		
		A	Syn	Hal	
	(ビジョン チタニューム オーケストラ)	D	Syn	Ag	
		G	Syn	Ag	
D'ADDARIO	Hericore	E	Sn	錫メッキ	
(ダダリオ)	(ヘリコア)	E-alum	So	Al	
		A	Sf	Al	light＜medum＜heavy
		D	Sf	Ti	
		G	Sf	Ag	

メーカー	商品名		素材		備項
			コア	巻き線	
D'ADDARIO (ダダリオ)	Pro-Arte (プロ-アルテ)	E	Sn	錫メッキ	light＜medium＜heavy
		A	Syn	Al	
		D	Syn	Al	
		D-sil	Syn	Ag	
		G	Syn	Ag	
	Zyex (ザイエクス)	E	Sn	錫メッキ	light＜medium＜heavy
		A	Syn	Al	
		D	Syn	Al	
		D-sil	Syn	Ag	
		G	Syn	Ag	
SAVAREZ (サバレス)	Alliance (アリアンス)	E	So		light＜medium＜forte
		A	Syn	Al	
		D	Syn	Ag	
		G	Syn	Ag	
	Crystal (クリスタル)	E	So		
		A	Syn	Al	
		D	Syn	Ag	
		G	Syn	Ag	
	Cantiga (カンティーガ)	E	So		
		A	Syn	Al	
		D	Syn	Ag-Al	
		G	Syn	Ag-Al	
KESSLER (ケスラー)	Steel	E	So		yellow＜white 〔分数も有り〕
		A	So	Al	
		D	So	Al	
		G	So	洋銀	
Larsen (ラーセン)	Larsen (ラーセン)	E	So		
		E-gold	So	金メッキ	
		A	Sp	Al	
		A	Syn	Al	
		D	Syn	Al	
		D-sil	Syn	Ag	
		G	Syn	Ag	
	Tzigane (ツィガーヌ)	E	So		
		A	Syn-	Al	
		D	Syn-	Ag	
		G	Syn-	Ag	
Warchal (ワーシャル)	Brilliant (ブリリャント)	E	So		
		A	Syn	Al	
		D-HN	Syn	Hal	
		D-sil	Syn	Ag	
		G	Sp	Ag	

Ⅶ 弦

VII 弦

メーカー	商品名		素材		備項
			コア	巻き線	
その他	Goldbrokat	E	So		0.24＜0.25＜0.26＜0.27
	Hill	E	So		thin＜medium＜thick
	Westminster	E	So		27、27½
	No.1	E	So		
	Tomastic 01	E	So		
	Golden Spiral Solo	E	So		light＜medium＜heavy
	Kaplan Solution	E	So		
	Spezial Program	E	So	金メッキ	

− memo −

（3）弦の選び方

　初めに、私の知っている経験則のようなものを羅列してみましょう。

　普及市販弦は、表10のごとく数々ありますが、中には私共の経験上、無視しても差し支えない商品も結構存在します。世界中のヴァイオリニストが好んで使用している弦は約10商品名に限定されており、これらの弦を「人気物」と、ここでは言っておきます。また、E線だけ、Aだけ、Dだけ、Gだけの「人気物」もあり、それらを考慮すれば約20商品名になろうかと思われます。「人気物」はいずれをとっても高性能で、どのような演奏の使用にも応えてくれる普遍性を持っています。あとは本人の嗜好、ヴァイオリンへの適合性によって取捨選択されています。

① 弦の性能と値段は関係ない

　「人気物」の中で高いものはE、A、D、G、4本セットで約1万円、安いものは約4千円。値段の違いは、技術料というよりは、原材料費の高低に比例している。ヴァイオリンを販売する時、ディーラーは、同じ性能ならより安い方を使用する（⑳参照）。

② ヴァイオリン本体をスムーズに振動させる弦が、そのヴァイオリンに合った弦である

　例えば表板の薄いヴァイオリンは音質が軟らかく、テンションの強い弦を張ると軟らかさが強調され過ぎて、音にならなくなってしまう。テンションの弱い弦を張ることにより、音はスムーズに出る。

③ 弦の、音色に与える影響は大とはいえ、ヴァイオリンが持つ本質的な音色まで変えることは不可能

　例えば「音の良い」ヴァイオリンはどのような弦を張っても音量はあるし、固有の音質はベースにある。どのような弦を使用しても思ったように鳴らない場合は、フィッティング、レストレイションに頼る方が賢明。それでも駄目ならヴァイオリンを取り替える。

④ E、A、D、Gに同じメーカー、同じ商品名の弦を張る必要は全く無い

　E線にヒルを、A線にガットのオリーブを、D線にスチールのヘリコアを、G線にナイロンのドミナントをセットにして使用しても、バランスが取れていればそれで良し。

⑤ A、D、Gの音量は互いに影響し合う上、Eにも影響を及ぼす

⑥ ヴァイオリンのEの音量は本質的なもので、どの「人気物」を使用しても大勢に変わりはないが、各「人気物」固有の音質の違いははっきり認められる

　いかにテンションの強いEを使用しても、D、Gより音量が足らず、バランスが取れなければ、フィッティング、レストレイションに頼る他に術はない。A、D、Gは弦の選択によ

り、音量のバランスを取れる確率は高いが、G＞D＞Aの順に確率は低くなる。

⑦ D線が全体の音量を規定する

　Dにテンションの強い弦を張れば、E、A、Gの音量も同様に大きくなる。テンションの弱い弦をDに張れば、全体が鳴らなくなる。

⑧ Aの音量はEの音量に多少影響する

　Aが鳴ればEの音量も大きくなる。Eが鳴り過ぎたら、テンションの弱いA線を張ればバランスが取れる場合がある。

⑨ ロー・アーチ、ミディアム・アーチのヴァイオリンにはテンションの強い弦が適合する

　音量が欲しければ、テンションのより強い弦を張ればよい。

⑩ ハイ・アーチのヴァイオリン［基礎編Ⅴ-（3）］には、テンションの弱い弦が適合する

　ハイ・アーチであるということは、本体の持っている張力がロー・アーチのものより本質的に強いと言い換えてもよい。したがって強い振動を弦から受けると、表板はフレクシブルに振動せず、結果として音はスムーズに出て来ない。力まず、やさしく振動させるだけで、ミディアム・アーチと変わらない音量を確保できる。

⑪ 18世紀以前のヴァイオリンは、テンションの弱い弦でも音はよく通る

　例えばオイドクサがベスト・マッチすることが多々ある。

⑫ テンションの強過ぎる弦は弾きこなせない場合がある。弱過ぎる弦もしかり

　自分の技量を考え選ぶこと。

⑬ 弦の性能が劣化した状態で長い間弾き続けると、ヴァイオリンは鳴らなくなり、急いで新品に張り替えても、しばらくは回復しない

　音量が落ちてきたら劣化している証拠。早めに新しい弦に替えないと、たとえ音の調整をしてもらっても、弾き込みが必要になる。

⑭ 「分数弦」として市販されている弦は、大人用の同じ商品よりは、テンションを強くする工夫が施されており、単に大人用を短くしたものではない

⑮ 「人気物」10傑を紹介します。但し、ここで取り上げた以外の弦を愛好するヴァイオリニストも大勢います。飽くまで私の店で売れているベスト10の紹介に過ぎません。アイウエオ順になっています

　◎E線──インフェルト・レッド、ウェストミンスター、オイドクサ、オブリガート、オリーブ、カプラン、ゴールド、ゴールド・ブロカット、ザイエクス、ヒル

◎A線——インフェルト・レッド、エヴァ・ピラッチ、オブリガート、オリーブ、ザイエクス、ドミナント、ヘリコア、インフェルト・ブルー、ヴィジョン・チタニウム・オーケストラ

◎D線——インフェルト・レッド、エヴァ・ピラッチ、オブリガート、オリーブ、ザイエクス、ドミナント、ヴィジョン・チタニウム・オーケストラ、ワーシャル、パッショーネ、インフェルト・ブルー

◎G線——インフェルト・ブルー、インフェルト・レッド、エヴァ・ピラッチ、オブリガート、オリーブ、ザイエクス、ドミナント、ヴィジョン・チタニウム・オーケストラ、ワーシャル、パッショーネ

　音の性能云々もさることながら、弦は消耗品ですから、⑯**値段**、⑰**持ちの良さ**、⑱**性能の持続性**、⑲**歩止まり**（一つの製品の中の良品、不良品の割合）、も充分考慮すべき要素になります。

　今ほど多様な種類の無かった一昔前、おそらく100％近いヴァイオリニストがオリーブGを使用していたはずです。表10でお分かりのように、オリーブGには金、銀が使用されています。いかに⑰⑱⑲に優れていても、したがって、値段は格別のものになってしまいます。

　オリーブGが切れてしまった、当時のスタジオ・ミュージシャン達の嘆き節は半端なものではなかったのを思い出します。理由もなく怒られたものです。何しろその日の彼らの稼ぎは、オリーブ一本で完全にパーになってしまったのですから。

　我社も当時、ほとんどのヴァイオリンにオリーブGを張っていました。50〜60本のヴァイオリンを常時展示していれば、日々3〜4本は切れていきます。そこで"せこい"ことを考えました。切れてしまったり、古くなったりしてしまったオリーブGの巻き線を解き、更に切れてしまった弓のラッピングの金線、銀線も加えて坩堝で熔かし、ペンダント・ヘッド状の塊にしてとっておくことにしたのです。そのまま捨てるなどもったいなくてできません。"嘆きのペンダント"と名付けられたこの塊状汗涙金銀混合体のコレクションは、長い間に30コにもなりました。残念ながら売った覚えもないうちにどこかに消え去ってしまったのですが、きっと当時の若き女流ヴァイオリニストたちのペットちゃんになってしまったのでしょう。

　"持ちの良さ"とは、長い期間（半年以上）使用できること、"性能の持続性"があるとは、その弦の持つ音の性能がなかなか劣化しないこと（短いものは2〜3週間で劣化する）、"**歩止まり**"が良いとは、不良品が少ないこと、すなわち弦を張ってすぐに巻きが弛んだり、音が駄目になったり、切れてしまったりする確率が低いことを意味します。"持ちの良さ"と"性能の持続性"は意味合いが違い、たとえ性能は劣化したままでも"持ちの良い弦"は継続して使用できるということです。

　ある世界的なヴァイオリニストが、これ以上はないと惚れ込んだA線は、確かに明るい、歯切れの良い、素晴らしい音がいたします。しかし、いかにも歩止まりが悪く、10〜12本のうちたった1本しかまともに使えません。張った瞬間に巻きが弛んだり、切れたり、ウル

フ・トーンが出てしまったりするのです。彼女の来店により店内はしばし "A線ヴァイオリン狂騒曲" のステージに早変わり。張っては取っ替え、張っては取っ替え、キー、キン、キュー、ギー、ブチ、プルプル、プッチン、パッチン。……かくして数本を選び終えた彼女は、駄目にした数十本分すべてのお金も支払い、平然としてお帰りになるのです。

　あれこれ書いてきて、話をややこしくしてしまいました。肝心の弦の選び方を申しましょう。それは実に簡単で、次の二点です。

⑳ ヴァイオリンを購入した時にフィッティングされていた弦を基準にする

　それで良ければそれで良しです。更に自分の求める音があるのなら、E、A、D、G個々に別の弦を張って試奏することです。

　ディーラーは売れてなんぼの世界にいますから、フィッティングする弦にミス・マッチは許されません。値段のなるべく安い、歩止まりの良い、そしてそのヴァイオリンの性能を充分に発揮させている弦を、きっと選定してあるはずだからです（①参照）。

㉑ ディーラー、先生の智恵を拝借する

　日がな音の調整に携わり、正に音の現場で悪戦苦闘を強いられるディーラーが、弦の性能を知らないはずがありません。年々歳々高性能弦が開発されている現実を考えれば、最初にそれらを入手できるディーラーが弦の種類に詳しいのも当たり前のことです。最も身近にいらっしゃる先生方も、豊富な知識をお持ちのはずです。相談相手としては最適でしょう。但し、先生方には、どちらかというと、ご自身愛用の弦を推選、もしくは押し付けるきらいがあります。その弦が必ずしも生徒である自分のヴァイオリンに合うとは限らないことは承知しておくべきでしょう。

　以上①～㉑までを参考にして、ご自分のヴァイオリンに最適の弦を見出してください。間違ってもGにD線を張らないように。

Chapter VIII

ヴァイオリンの買い方……実践

基礎編、そして今迄綴った内容は、すべて**選び方**に集約できる事柄です。復習の意味で要点をかいつまみ、必要な事項は加筆し、ここで買い方としてまとめてみました。

（1）心構えとして

① 予算の上限を決めておく

　何も上限ぎりぎりの予算でヴァイオリンを捜す必要はありません。なるべく安く自分の満足できる音に巡り会った方が得策です。そういう意味で、予算上限、ないし30％までは安い値段のヴァイオリンも対象にし、値幅を持って選定する方が賢明でしょう。大切なことは、いかような予算でも、それなりに「良い音」のヴァイオリンは購入できると信じてヴァイオリンに接することです。決して無理をなさらないでください。ヴァイオリンの世界で消費税は、かなりの負担です。消費税の加算も頭に入れておきましょう。

② 「音」を選ぶなら、作者、国籍、年代などに固執しないこと

　既に口を酸っぱくするほど述べてきました。そのような選び方は、「音」の選択肢を極端に狭めるばかりか、お金の浪費に繋がります。ありとあらゆるヴァイオリンを試奏すべきです。

③ 木目、ニスの色、1枚甲、2枚甲、4点セットの色など、見た目の良さにごまかされないように

　コレクターを別にすれば、「音」でなんぼの世界です。俗に"素目ヴァイオリン"と言われ、木目を全く持たないヴァイオリンでも、銘器は銘器なのです。ストラディヴァリにもそのような作品は散見できます。"味わい深さ"が真の美しさです。たとえ素目であろうとも、日に日に愛着は深まっていくものです。

④ 自分の弾く場、立場を考えましょう

　Ｖ章（1）─②をお読みください。ソロ用の音ばかりを求める姿勢はいかがなものでしょうか。音量もさることながら、音質をもっともっと重要視すれば、選択肢はずっとずっと広がります。

⑤ 300万円以上のヴァイオリンを購入する場合は、真贋、格、価格の正当性を念頭に置きましょう

　いかに金持ちの日本人とはいえ、300万円は大金です。偽物をつかまされるなどの失敗は許されません。下取り、売買が容易に行なえる、換金性のあるヴァイオリンを求めるべき

です。真正の銘器は値上がりも期待できます。ヴァイオリンは唯一、目減りしない流動資産です。悠久の時の流れに身を委せ、永遠の流転を強いられるヴァイオリンは、そのおのおのが、いわば世界遺産たる大切な宝物でもあることを忘れないでください。

⑥ ラベルの有無、鑑定書の有無を最上の糧にする買い手は、フラウダー、フェイカーの "飛んで火に入る夏の虫" です

Ⅱ章、Ⅳ章（5）をお読みの方々はご理解いただいているはずです。ラベル、鑑定書など、あっても無くても本物は本物、銘器は銘器です。

⑦ 「全き音」のヴァイオリンは無いものと思っておくべきです

賢い方法は、腹八分で良しとすることです。音の分かる人は、1本でも選定は可能です。分からない人でもなるべくたくさん試奏し、その中で満足できるものを選定しておけば間違いはありません。「全き音」を求め過ぎるあまり、結果として偽物をつかまされたり、法外なお金を払わされたりする例は跡を絶ちません。

よくある例です……時間をかけ、構えて捜そうと心に決めて、端緒として、あるディーラーのお店から選定を開始します。気に入ったヴァイオリンがあっても無論購入は致しません。もっともっと素晴らしい音があるはずだと、またまた別のディーラーを訪問します。かくして転々とディーラーを取っ替え引っ替えし、数ヵ月後、これぞとばかりに購入なさったヴァイオリンが、以前のお店のヴァイオリンより音が劣るとは……。

時間をかけている間に、前に試奏したヴァイオリンの音をきっと忘れてしまっているに違いないのです。比較試奏は同時に行なわなければ意味をなしません。"じっくり構えて"というお考えは決して間違ってはいません。しかし、そのような方法を取られる方々は、最終的な決定をなさる前に、気に入った過去のヴァイオリンを思い出し、改めて試奏されることをお薦めします。以前の売り手に気兼ねする必要などありません。堂々とその旨を断わって比較検討すべきです。

有りうべからざる「全き音」など追求せずに、腹八分で良しとしておけば、選定に時間はかかりません。そしてなぜか "運の良さ" や "偶然の出会い" に左右もされる世界です。そのような閃きを感じたら、きっとそのヴァイオリンはあなたのものなのです。時間をかける必要はありません。

⑧ ヴァイオリンは単なる道具に過ぎないとも言えます

腕90％の世界です。ヴァイオリンと弓は演奏の10％も助けてはくれません。そのたった10％を絶対に必要とする、極限の立場に置かれている方々は別にして、ヴァイオリン、弓の持つ力に自分の音楽を頼ろうとする姿勢は、全くの錯覚に過ぎません。下手な人がスト

ラディヴァリを弾いても、一流のソリストのような音は出せません。100万円のヴァイオリンでも一流のソリストが演奏すれば、皆さんは、ストラディヴァリでは？と錯覚なさるはずです。

　兎にも角にも格上の銘器を入手さえできれば、己の音楽、演奏技術は飛躍的に向上するであろうという考え方も然りなら、己の腕さえ磨いておけば、ヴァイオリン、弓など一介の道具にしか過ぎないという考え方も然りです。いずれにせよ、自分の未熟を道具のせいにするような狭隘(きょうあい)な気持ちだけは捨て去るべきでしょう。自分というものを冷静に見つめることから選定は始まります。

⑨ 体調の影響を考慮しましょう

　人間の耳の感覚は一定ではありません。今日と明日とではきっと音の聞こえは違うはずです。まして風邪などをひいて体調の悪い時、選定は控えるべきでしょう。

　30年程前、こんな体験をしてしまいました。ある音楽大学からストラディヴァリの査定、音の程度を頼まれ、ロンドン―アムステルダムを日帰りしました。アムステルダムの滞在時間は2時間しかありません。選定時間はたったの20分。"マリアンヌ"というニックネームの素晴らしいストラディヴァリでしたが、なぜか音量が全くありません。いくら弾いてもうんともすんとも言わないのです。やむを得ず、その場で日本に電話をし、音楽大学の先生に「素晴らしい作品ですが鳴らないので、やめられた方が良いかもしれません」と言って結局購入の話を御釈迦にしてしまいました。急いでスキポール空港に戻り、最終便がロンドンに向かって上昇を始めた途端、何と何と世の中の音がいきなり大きくなりました。間抜けなことに着陸の際、急降下で耳がおかしくなっていたのに気が付いていなかったのです。思い起こすも冷や汗ものの、既に時効の内緒の話でした。

　肝に銘じておくは、体調、耳のコンディションです。

（2）ヴァイオリンの売り手の話

　いよいよヴァイオリンの購入に赴きましょう。……でも、どの売り手が信頼できるのか、誰がフラウダー（偽物売り、デタラメな売り手）なのか皆さんには皆目、見当がつきません。どこに行って良いのやら全く分かりませんから、結局、先生や友人の紹介、口コミや広告を頼って売り手を選ぶことになるはずです。しかし、なにせ高額商品です。たとえ師匠の紹介があったとはいえ、それは音楽そのものとは関係ない、全く別の次元の話です。一般市井にいらっしゃる皆さんの不安感は、なかなか拭い切れるものではないでしょう。

　一口に売り手と言っても、その経常形態はまちまちです。話の初めに、果たしてどのような売り手がこの世に存在し、皆さんをお待ち申し上げているのか、思い浮かぶままにあぶり出してみましょう。

　"売り手"は英語で言ってしまえばすべて"ディーラー"になってしまいますから、ここでは都合上①〜④の「ディーラー」を「**お店を構えている専門店**」としておきます。

① オールラウンド・ディーラー

　ヴァイオリン、ヴィオラ、チェロなど、ヴァイオリン族すべてを常設展示してあり、工房（ヴァイオリン・メーカー、クラフトマンのアトリエであり、ヴァイオリンの修復、修理、毛替えなどを行なう所）があり、弓、部品、ケース、弦など附帯するすべての商品も取り扱っているディーラー。欧米では一流ディーラーに多い。

② メーカー・ディーラー

　自作のヴァイオリン販売を生業としているが、その他のヴァイオリンの販売も兼業するディーラー。経営者たるメーカーはクラフトマンを兼ねるから工房はある。個人が多い。

③ クラフトマン・ディーラー

　ヴァイオリン族の修理を生業としているが、ヴァイオリンの販売も兼業するディーラー。無論工房はある。個人が多い。

④ シンプル・ディーラー

　工房を持たないディーラー。もしくは名ばかりの工房しかないディーラー。

⑤ メーカー

　自作のヴァイオリン族のみを直接小売する。工場製のみならず、マスター・メードの作

品も、一旦はディーラー、楽器店などに卸されてから小売に供されるケースが一般的だが、直接皆さんに小売りするメーカーもいる。

⑥ ブローカー

お店も工房も持たず、ヴァイオリン族、弓のみを販売する売り手。来日しては訪問販売する外国人のディーラーや演奏家、コレクターもしくは個人と自称する人々、自ら購入したヴァイオリンを自分の弟子や知人に販売する先生や演奏家、アポイントメント・オンリーと称する人などもこの範疇。個人。無論工房はない。

⑦ 楽器店

ギター、管楽器、ピアノなど、一般楽器の一部としてヴァイオリン族も販売するお店。一般的に工房はない。

⑧ 卸し屋（ホール・セラー）

ディーラー、ブローカー、楽器店などを相手の卸し業を生業とするが、小売りもたまさか行なう。工房は持たず、未修復、未調整のヴァイオリンが多い。但し、日本の、世界の、オールラウンド・ディーラーは、ホール・セラーも兼ねるケースが多い。

⑨ オークション

競り市。未修復、未調整のヴァイオリンが多い。無論工房はない。Ⅲ章参照。

⑩ 通信販売

粗悪品が多い。フィッティングがお粗末で弾けないような代物が多く、結局修理代の方が買値より高く付いてしまうような例が多い。工房はない。

⑪ インターネット販売

今後発展するであろう販売方法だが、今のところ安かろう悪かろうが多い。高額商品もあるが、既に偽物の被害者が出ている。売り手の顔が見えないから危険は一杯。工房はありようがない。

以上11もの売り手の形が思い浮かびました。皆さんがお付き合いしている売り手はどれに当てはまりますか？

正式にリサーチしたわけではありませんが、外国人ブローカーも加えると、日本だけでも個人を含めてざっと1000軒か、それ以上の売り手が存在しているようです。これだけの売り手の中から「正統派」の売り手を捜し出すのは並み大抵のことではありません。自称日本一だとか、店頭が大きいとか、高級感があるとか、サービスが良いとか、大手だとか、ヴァイオリンがたくさんあるとか、支店が多いとか、宣伝が素晴らしいとかいうようなところに、信頼のよりどころは全くない世界ですし、中には暴力団の企業舎弟や、元豊田商事のメンバーのお店などまでありますから、たまったものではありません。定価の決まった部品類が安いからヴァイオリンも安いのだろうと思われたら、それもまた、短絡的に過ぎるでしょう。

実は、私共「正統派ディーラー」の間には、日本中、世界中のフェイカー、フラウダーに関するブラック・リストがあります。そのような売り手の名前を皆さんに知らせてしまうのが一番手っ取り早いのですが、そうは参りません。命あってのものだねです。玉石混交の中から皆さんは、やはり正統派の売り手を慧眼を持って選択し、お付き合いすべきです。正統派のお店はまた、出会いの場でもあります。お店には一流の演奏家が集まってきますから、自分の音楽的環境への刺激も半端なものではないはずです。

一流ディーラー、一流ディーラーとは言えないまでも商売人として信頼できる売り手を「**正統派**」と申しました。ここではフェイカー、フラウダーは「**その他**」としておきます。

そして更に、欧米のエキスパート、一流ディーラーの商法を参考に、「正統派」たり得る必要条件を抽出し、煎じ詰めてみますと、

i) アフター・ケアの体制が万全かどうか、

ii) 売ったヴァイオリンに対して責任を負っているかどうか、の2点に辿りつきます。

i) アフター・ケアの体制が万全かどうかとは

お売りしたヴァイオリンの修理、音の調整、毛替えなどを責任も持って行なえるかどうかということになります。修理がつきもののヴァイオリンの世界で、売りっぱなしはいけません。一般的にヴァイオリンの修理代はびっくりするほど高くつきます。自ら工房を構えるという商法は、ヴァイオリンを購入してくださったお客様のお金の負担をなるべく軽減して差し上げようという、いわば本当の意味でのサービス精神が根底に横たわっているとも言えるのです。欧米の一流ディーラーのお店には必ず大きな工房があり、セールスということよりも、工房の作業の方に力点が置かれています。売り子はたったの1人〜2人に対し、工房では5人〜10数人のメーカー、クラフトマン達がレストレーション、リペアに日夜奮闘しています。もちろん彼らが腕の良い、一級の職人でなくてはいけません。一流ディーラーの人件費の大半は、工房の職人に費やされているのです。

ii）売ったヴァイオリンに対して責任を負っているかどうかとは

　お売りしたヴァイオリンの下取り（より高額なヴァイオリンに買い替える時、前にお売りしたヴァイオリンを引き取ること。マスター・メードに適用される制度）、交換、もしくは必要としなくなったヴァイオリンの再販などを、責任を持って請け負うような体制が整えられているかどうか、ということです。欧米の一流ディーラーの下取り価格は、販売価格の8掛以上となっています。年月が経っていれば、10〜20％は高い、その時点の相場で下取る所もあります。なぜなら下取りしたヴァイオリンで儲ける必然性は無いからです。一流ディーラーとはいえ、アイデンティフィケイションの失敗はあり得ますから、間違って偽物を売ってしまった場合は、売った値段での買い取り、他のヴァイオリンとの交換などの責任を必ず取り、素直にアイアム・ソーリー、すったもんだは絶対起こしません。

　ヴァイオリンを購入するということは、その売り手と長いお付き合いが始まることを意味します。そのような点も考慮し、先の二つの必要条件をもとに「正統派」の売り手かどうか、皆さんが具体的に判別できる方法は、次の5条項を必ず実行すると謳っているかどうかに注目すればそれで良し、という結論に達します。

①マスター・メードの下取り、もしくは交換は必ず行なうこと
②下取り価格は売った値段の8掛以上であること（日本では7掛でも「正統派」に入る）
③真贋問題など、売り手に起因するトラブルが発生したら、適切かつ迅速に納得の行く　処理をすること
④自ら売ったヴァイオリンの修理は責任を持って行ない、修理費は実費であること
⑤自ら売ったヴァイオリンの、部品の交換を伴わない音の調整は、未来永劫無料である　こと

　一流ディーラーは以上五つの条項すべてを実行していますし、少なくとも①②③を実行していれば安心して購入できる「正統派」であると言えます。五つの条項を守っている売り手の販売価格は間違いなく相場を基準にしているはずです。マスター・メードなのに下取りもしない、できない、ということは、売ったヴァイオリンがインチキか、売り値が高過ぎたという確かな証拠になり、そのような売り手には「その他」の烙印を押してもきっと良いはずです。質の高いヴァイオリンがなかなか入手できない昨今、昔売った銘器の下取りは嬉しい仕入れになると喜ぶところに「正統派」たるゆえんがあるのです。

　「一流ディーラー」とは鑑定もしっかりできる売り手を意味しますが、そこまで能力の無い売り手でも、商売人として信頼できれば「正統派」として良いと私は申しました。とは言え、一流ディーラーの販売するヴァイオリンは信頼できるとしても、それ以外の正統

派の真贋には確固たる信頼は置けないはずです。加えて皆さんご自身も、個々のヴァイオリンのアイデンティフィケイションなど到底おぼつかないことはご承知のはずです。私の綴った内容を一所懸命勉強してくださっても、個々の作者名、相場を特定する作業は全く別の世界の話です。

「これは本物ですよ」「鑑定書がありますよ」と言われても、それは売り手側の一方的な言葉に過ぎません。逆に、たとえエキスパート、一流ディーラーが「これは本物ですよ」と言ったとしても、鑑定書が無いなどを理由に、なかなか信用なさらない猜疑心の強い買い手もたくさんいらっしゃいます。私共は1本のヴァイオリンから、その売り手の良否は判断できます。しかし、皆さんの場合、ヴァイオリンを見るだけでその売り手が「一流ディーラー」なのか「その他」なのか判断なさるのは、まず不可能に近いと言ったら言い過ぎでしょうか。

それゆえ、ここに取り上げた五つの条項は、専門外の皆さんが「売り値に正当性がある」「売り手に正統性がある」ことをご自分で容易に判断できる正義の刃としての力を発揮します。Ⅳ章の冒頭で「ヴァイオリン・ディールの世界は売り値の正当性……」が一番大切であると言った理由はここにあります。

真贋、鑑定などの問題とは全く違う次元からの判別法ですが、この五つの条項を遵守している売り手は、"皆さんの財産を保全している"という観点からみて「正統派」たりえているわけです。……御託を並べ過ぎたようです。要するに皆さんのお付き合いしようとする売り手が、この五つないしは三つの条項を手堅く守っているという確認が取れさえすれば、その売り手は一流ディーラーかもしれませんし、少なくとも真面目な商売人のはずです。したがって真贋などにあまりこだわらずとも、ヴァイオリンは安心してご購入なさって構わない、と言いたかったのです。

◎ 日本一、世界一だとやたら自慢する売り手

◎ やたらもみ手をしたり、胡麻をすったり、おだてあげたりする売り手

◎ アポイントメント・オンリーだという売り手

◎ 猫撫で声と○×帽

◎ 「うちは安い」「出物」を連発する売り手

◎ イタリア・ヴァイオリンしか置いてないと豪語する売り手

◎ 「プレゼントがあるから来てね」という売り手

◎ 「こんな素晴しいヴァイオリンは見たことがない」と手前のものをほめちぎる売り手

◎ ヴァイオリンの裏板の方を正面にして展示するディーラー

◎ イタリア・ヴァイオリン、フレンチ・ボーを金科玉条とする語り口の売り手

◎ もったいぶりもはなはだしい売り手

◎ 客のヴァイオリンを強引に見たがる売り手

◎ 他のお店、ヴァイオリンを減多やたらと貶す売り手

◎ 断わりもなく勝手な修理をしたり、法外な修理代を請求したりするような売り手

◎ 泣き落としの売り手

◎ 「なんぼで買うてくれまっか?」とお客に売り値を問う売り手

◎ 何か秘密がいっぱいみたいな語り口の売り手

◎ 試奏中にやたらと口をはさむ売り手

◎ 個人だから安いと言う売り手

◎ 有名人の名をやたらと出す売り手

　等々、怪人二十面相ではありませんが、市井で詐欺師の用いる手練手管の語り口、所作振舞が垣間見られたり、感じられたりしたら、この売り手は"怪しい"と思って、一転疑惑の眼を向けて接してみてください。どこかで語るに落ちたら、「その他」の売り手です。この世界のフェイカー、フラウダーの手口も一般社会の詐欺師と何ら変わりはありません。「正統派」たる売り手は、正当なヴァイオリンを提供すること、技術力に誇りを持つことに人事を尽くすのみで、決して余計なことは申しません。あとはひたすら天命を待っているのです。

（3）現場にて

① 値段の目安

Ⅲ章グラフ（1）及びⅢ章（5）とその中の表6とを復習してください。

a）新作（コンテムポラリー、作者が存命中のヴァイオリン）

- プレス加工品 　　　　　　　　10万円以下で買うこと
- 半手工品 　　　　　　　　　　30万円　　　〃
- 工房製（準マスター・メード）80万円　　　〃
- マスター・メード 　　　　　　150万円　　〃

b）モダン・ヴァイオリン（1820年頃～1945年までのヴァイオリン）

- プレス加工品 　　　　　　　　30万円以下で買うこと
- 工房製（準マスター・メード）150万円　　　〃
- マスター・メード

　イタリア　　600万円以上に「良い音」が多く、中には「申し分ない音」もある

　フランス　　300万円　　　　〃

　その他の国　150万円　　　　〃

c）オールド・ヴァイオリン（1820年頃以前のヴァイオリン）

- ファクトリー・メード 　　　　100万円以下で買うこと
- マスター・メード

　イタリア　　3000万円以上に「申し分ない音」が多い

　フランス　　600万円　　　　〃

　その他の国　300万円　　　　〃

　世界中見渡しても、一流ディーラー達が超一級と認める新作メーカーは30人足らずです。日本の、一般の皆さんがご存知の、超一級とされているイタリアン・メーカー達の作品の大半は、残念ながら一流ディーラーの賞讃に値する楽器ではないのです。本来の実力に見合わない、本人が真面目に作った真正マスター・メードでもない、イタリアの新作が、デタラメなディーラーの手によって勝手に銘器とされ、馬鹿馬鹿しいほど高い値段で売れてしまうという、まことにおぞましい日本の実状です。正当な評価で200万円以上はする超一級の楽器を除き、一般的には80万円～150万円のご予算で、国籍を問わず、「良い音」の、

程度の高い真正マスター・メードの作品を買えるところに新作のメリットがあることを知っておきましょう。

　ヴァイオリンの目安としては、予算が100万円以内なら新作の方に分があります。100万円〜200万円の予算なら、必ずモダン・ヴァイオリンも選択肢に入れるべきです。モダン・ジャーマン、フレンチ、ボヘミアン、ハンガリアン、アメリカンには素晴らしい音の作品がたくさんあります。200万円以上のご予算があれば、モダン・ヴァイオリンに比重を置くべきでしょう。程度の高いモダン、オールドが対象になるからです。但し、先に述べた超一級の新作は全く別の範疇とはいえ、300万円以上支払う必要はありません。

② 実力のあるモダン・イタリアンの作者30名を紹介しておきます

　数百人はいるモダン・イタリアン・メーカーの中から抽出した30人です。ソロ用の銘器として、オールド・イタリアンに決して負けない実力を備えています。但し、プレッセンダ、J. ロッカ、デスピーネ、E. チェルーティなど既に3000〜5000万円はするメーカーは省きました。

　最近1000万円前後のご予算で、オールド・イタリアンを求める方々が急増しています。そのような方々のために敢えてモダン・イタリアンを推薦する理由は、相場が1000万円前後の真正オールド・イタリアンに、ソロ用の音を持つ楽器は存在し得ないという、ここ数年来の実感が、ほぼ確信に近くなってしまったからです。200年、300年経ても相場が1000万円にも満たない真正のオールド・イタリアンは、どうしても音量の点で負けてしまうからです。音質を大切にされる方々にとってはこよなく素晴らしいヴァイオリンなのですが……。1000万円以内で大音量のオールド・イタリアンがあったとしたら、それは偽物かもしれません。昨今の、様々な現実を考慮すると、1000万円前後のご予算があり、オールド・イタリアンをお捜しの、そして飽くまでイタリア・ヴァイオリン、ソロ用の音に固執される方々は、代わりにモダン・イタリアンの銘器を対象にされるよう、ここで強く推しておきたいと思います。

　リストの ★ 印以外は800万円前後〜1500万円前後で購入できます。↑印は中でも高額な方です。

1)	Antoniazzi, Gaetano	（1823-1897）	Milano ↑
2)	Antoniazzi, Riccardo	（1860-1913）	Milano ↑
3)	Antoniazzi, Romeo	（1862-1925）	Milano ↑
4)	Bisiach, Andrea	（1890-1967）	Milano
5)	Bisiach I , Leandro	（1864-1945）	Milano ↑

6)	Bussone, Giovanni	(w1860-1890) Torino ↑
7)	Candi, Cesare	(1869-1947) Genova
8)	Degani, Eugenio	(1840-1915) Venezia
9) ★	Fagnola, Hannibale （1800万円前後）	(1865-1939) Torino
10)	Fiolini, Giuseppe	(1861-1934) Bologna, München
11)	Gadda, Gaetano	(1900-1956) Mantova
12)	Gaibisso, Giovanni Battista	(1876-1962) Alassio
13) ★	Guadagnini, Antonio （2000万円前後）	(1831-1881) Torino
14)	Guadagnini, Francesco	(1863-1948) Torino
15)	Guerra, Evasio Emilio	(1880-1956) Torino
16) ★	Rinaldi, Gioffredo Benedetto （2500万円前後）	(w1850-1888) Torino
17)	Rinaldi, Malengo Romano	(1866-1935) Torino ↑
18)	Oddone, Carlo Giuseppe	(1866-1936) Torino
19)	Ornati, Giuseppe	(1885-1960) Milano
20)	Pedrazzini, Giuseppe	(1879-1958) Milano
21)	Poggi, Ansaldo	(1893-1978) Bologna ↑
22)	Pollastri, Augusto	(1887-1927) Bologna ↑
23)	Postiglione, Vincenzo	(1835-1916) Napoli ↑
24) ★	Rocca, Enrico （3000万円前後）	(1847-1915) Genova
25)	Sacconi, Simone Fernando	(1885-1974) Roma ↑
26)	Sannino, Vincenzo	(1880-1969) Napoli ↑
27)	Scarampella, Stefano	(1843-1927) Mantova ↑
28)	Sgarabotto, Gaetano	(1870-1960) Parma
29)	Sgarbi, Giuseppe	(1818-1905) Roma ↑
30)	Soffritti, Ettore	(1877-1928) Ferrara

5）のLeandro Bisiachには同名のⅡ世（ jr.1904-1982　Milano）がいます。格が全く違います
から混同されないように。私共はⅠ世をレアンドロ・シニア、Ⅱ世をレアンドロ・ジュニ
アと使い分けます。

③ サイズをチェックしましょう。

　基礎編p.139（6）を参照してください。**ボディー・レングス**が350〜362mm以外のフル・サイズ（4/4）の購入はやめましょう。銘器のほとんどは351〜357mmの間にあります。**ストップ**195mm（**基礎編**p.20）を忘れないように。メジャーが無ければ売り手に訊いて確認しましょう。できたらカラパス（スチールの巻き尺）を借りて自分でチェックしてください。カラパスの無いようなディーラーは"ニセ者"です。

　体格に比してサイズが大きめでも、"手に合う"ヴァイオリンならば合格です。出来の良い銘器は引き締まって小さめに見えるものです。そして大きめでも不思議と手に合うのも銘器なのです。

④ 傷の有無、程度をチェックしましょう

　Ⅲ章（6）を復習してください。

a）新作（コンテムポラリー）

　新作は「無傷」が売り物です。割れ傷が1本でもあったら購入は控えましょう。但し、割れ傷1本程度でビッグバーゲンをしてもらえれば、それは嬉しい買い物かもしれません。

b）モダン・ヴァイオリン

　綺麗に修復されていれば、表板に3本程度の割れ傷、裏板に1本程度の短かい割れ傷（5cm以内）までは許される範疇です。つまり、将来の下取り、売買は可能です。その程度の傷は音に何の影響も与えませんから、安く買える分、得かもしれません。表板に魂柱傷（魂柱の当たる部分にある割れ傷）があってもパッチがあてがわれ、綺麗に修復されていれば、普通の割れ傷として評価されます。

　表板の魂柱傷を、致命傷であるかのように知ったか振りをする方々は、現在のヴァイオリン市場を知らない"昔の人"です。裏板の魂柱傷は致命傷ですし、大きな割れ傷も問題です。たとえ安くとも購入は控えましょう。将来の下取り、売買がほぼ不可能になります。

c）オールド・ヴァイオリン

　表板に5〜6本の割れ傷、裏板に3本位の短かい割れ傷までは許される範疇です。それ以上の割れ傷があったら購入は絶対にやめるべきです。表板の魂柱傷は綺麗に修復されていれば何の問題もありません。無論裏板の魂柱傷は致命傷ですし、大きな割れ傷も問題です。

　どの割れ傷でもそうですが、接着面に断差があったり、溝があったり、パッチを貼ってなかったりするようないい加減な修復をされていたら、購入は控えましょう。

割れ傷をそのまま接着すれば、その跡は黒色や灰色の直線もしくは蛇行線となって現われますから、容易に見分けがつきます。しかし、一流のクラフトマンは傷口を綺麗に洗って接着した後、周りのニスと同じ色艶のニスをリタッチします。結果として素人目には無傷に見えてしまいます。ニスをじっくり見つめていると、一見漫然と見えるニスの海の中に、何となく違う性質の色合い、色艶の潮流、潮溜りが見えてきます。その秘めたる潮流、潮溜りの長さ、大きさから、どの程度の傷が隠されているのか判断できるのですが、それが出来るようになるには、それ相当の熟練を要します。

したがって皆さん方は、無傷に見えるヴァイオリンでも、割れ傷、パッチの有無は売り手に訊いて確認した方が安全です。

表板、裏板のゆがみがひどいヴァイオリンの購入は控えましょう。

ニス傷、**表面傷**（割れが裏側まで行っていない傷、ひっかき傷）、**サップ・マーク**（ヤニ壺の跡）、**エッジの欠け**、**横板の割れ傷**、**スクロールの割れ傷**などは余程醜い外観を呈さない限り価値には何の影響も与えません。

木などを接ぎ足してあっても、それが製作者によるオリジナルならば傷とは言いません。

2～3mm幅の比較的長い、半透明の、のっぺりした感じの痕跡や、布にできたカギザキのような痕跡があったら、それは**虫喰いの跡**かもしれません。売り手に確認してください。表板中心部の虫喰いは音に致命傷を与えますが、その他の部分は修復されていれば、問題はありません。結構目立つ痕跡ですが、普通の割れ傷と同様に評価されます。虫がそのまま残っているわけではありませんからご安心ください。

⑤ 試奏上の注意点

a）比較するヴァイオリンのAの音程を必ず同じにしてください。442ヘルツならすべてのヴァイオリンを442ヘルツのAで正確に調弦すべきです。比較試奏の原則ですが、意外に守られていません。ご自分のヴァイオリンを440、443に調弦し、弾き比べてみてください。たった3ヘルツの違いですが、443の方が思い切り明るく聞こえます。調弦はご自分でなさる方が賢明です。なぜなら、売りたいヴァイオリンを443で調弦し、その他を440で調弦するお利口さんなディーラーがいるからです。

また、調弦をきちっとなさらないで試奏するような行為は、売り手への侮辱を意味します。ことによったら追い出されかねませんから、ご注意を。

b）GからEまで、低音域から高音域まで隈なく試奏し、音質、音量、音量のバランス、レスポンス、重音の調和具合、Z音の強さなどを確認します。木を見ずに森を見るがごとく、飽くまでも大局的につかえ、細かい部分に神経質にならないことが肝要です。細かいことは以後の弾き込み、調整で解消できるからです。ピアニッシモの聞こえ具合いも大切なポ

イントです。

c）ウルフ・トーン（ウルフ・ノートとも言う。ある一点を押えるとプルプルと異常振動を起こして音にならない）の有無を確認してください。特にG線の高音域に出やすく、鳴りの良いヴァイオリン程、ウルフの出る確率は高くなります。ほとんどのウルフ・トーンは調整によって直りますし、ヴィブラートでごまかせる程度の弱いウルフは許容範囲です。また、季節によって出たり出なかったりもします。直しようもないウルフ・トーンも稀にありますから、調整をしてもらってもウルフが強く、どうしても止まらないようならば購入は一応控えておくべきでしょう。

　ほとんどのチェロにはウルフ・トーンがあり、チェリストはウルフと共に生きています。

d）音質は気に入ったが、音量がいまいちのヴァイオリンをその場で諦めるようなことはなさらないでください。必ず預り、弾き込んでみてください［VI章（5）］。音程を確かにして2〜3日も弾き込めば、大概のヴァイオリンは鳴り出します。耳障りですが、駒近くで弾き込む方法は効果的です。また、ホールなど、広い場所で試奏する必要もあります。耳元で聞こえが小さくとも、ホールの隅々まで音が通っていれば、音量はあるということを意味するからです［V章（1）］。友人に頼んで聴いてもらったり、友人に弾いてもらって自分がホール内を歩きまわって音量をチェックしたりするのも良い方法だと思います。いわゆる「遠鳴り」という、とても難しい問題なのですが、そのような音の出方は、オールドの銘器に特有な現象です。

（4）購入に際してチェックすべき大切なこと

　皆さんの場合、自ら決定できる音の選定以外の要素、例えば真贋、相場などに関しては、売り手の信用度に任せた方が買い方としては賢明、かつ手っ取り早い方法であるというお話を（2）で致しました。そしてどのような売り手が信用できるのか峻別する条件を五つ挙げておきました。

　安くとも50〜60万円以上はするマスター・メードのヴァイオリンは、すべて財産として保有できる流動資産の一つです。つまりヴァイオリンは骨董品、工芸品として扱われる商品で、マスター・メードの価値は保全されているというわけです。したがってヴァイオリンを購入するということは、トイレット・ペーパーなどの日用雑貨を買うようなこととは全く違った意味合いを含んでいます。

　そこで、もう一つ突っ込んで、財産として考えた場合のヴァイオリンの買い手として、売り手が「一流ディーラー」であろうと「その他」であろうと、お金を支払う事前事後にチェックすべきこと、売り手から当然入手すべきドキュメント類のことなどについてお話しし、このシリーズの締め括りと致します。

① 鑑定書（Certificate）のチェック

　「正統派」の売り手から購入するのであれば、鑑定書の有無は全く問題にする必要はないはずです。あってもなくてもかまいません。売り手の暖簾が鑑定書、保証書の役割を担っているからです。

　「正統派」かどうか確信できない売り手であれば、鑑定書を頼る他はありません。少なくとも300万円以上のヴァイオリンを「正統派」以外の売り手から購入なさる時は、必ず鑑定書を請求すべきです。そしてお金を支払う前に必ず鑑定書をチェックしてください。

　チェックの仕方はⅡ章で詳しく説明しておきました。マリオ・ガダや、日本の某ディーラー等に代表されるような「デタラメな鑑定書」だったとか、ヴァイオリン本体と記載内容に矛盾があるような鑑定書でしたら購入は控えた方が賢明です。

　購入が決まった時「その場でお金をお支払いください。さもなくばヴァイオリンはお渡し出来ません」などと言う売り手はまずいないはずです。

　ヴァイオリンの売買には信用取引が多く、支払いは後日銀行振込にするとか、小切手を振り出すような方法がとられているはずです。私共、売り手にしても、多額の現金を持参されてしまうと、銀行口座に入金出来るまでは、はらはらどきどきで、いても立ってもいられません。

　ところで、ヴァイオリンはお支払い前にお渡しできても、支払いが完済するまでは、鑑

定書のオリジナルはお渡ししないという慣例がこの業界にはあります。鑑定書はお金と引き替えということになっているのです。したがってお金を支払うまでの間、鑑定書のオリジナルを入手できない空白の時を埋める為、購入決定時に鑑定書のオリジナルを見せてもらうか、コピーを貰い、チェックしておく必要があります。

　売り手にしても、お金を支払うまでは鑑定書のオリジナルを入手できないことは皆さんと同様ですから、例えば委託されているヴァイオリンを売却した場合、鑑定書は手元には無いはずです。そのような時はコピーを貰ってチェックしてください。コピーも無いようでしたら、オーナーに請求するよう売り手に頼んでください。しつこいようですが、300万円以上もの大金を支払うわけですから、つわもの揃いの「その他」の売り手を相手にするには、その程度の慎重さは欠かせません。

　それからよくある例です。オリジナルがあるという前提でお金を支払い、鑑定書のコピーを手渡されたはいいが、待てど暮らせどオリジナルをくださらない売り手がおります。コピーには何かインチキがあるかもしれませんから、そのような場合はヴァイオリンを返品なさった方が安全です。

② 保証（Guarantee）について

　（2）で挙げた五つの条項や、その他様々な保証制度、サービスを設け、文書にしたものを保証書（Guaranty Bond）と言います。売り手に保証書があるのなら、お金の支払いは内容をチェックしてからにしてください。一般的に一流ディーラーは保証書などは発行しておりません。そんな必要はないというプライドがあるのでしょう。それでも多分、初めてのお客様には保証制度についての説明があるはずです。

　保証書も無く、保証についての説明も無いようでしたら、◎下取りしてくれるのか、するならいくらなのか、◎アフター・ケアはあるのか、◎ヴァイオリンの交換、買い取りなどはしてくれるのか、等々、どのような保証制度があるのか確認し、納得が行ったら購入を決定しましょう。

　"ブローカー"という売り手は、言い替えれば、保証を全くしないという前提に立った売り手を指しますから、購入にはそれ相応の覚悟が必要です。偽物をつかまされたり、法外なお金を払ってしまったりしたが最後、にっちもさっちも行きません。結局泣き寝入りの世界に放り込まれてしまいます。ブローカーから購入なさる時は、たとえ鑑定書などがあったとしても、必ずヴァイオリンを預り、数軒のディーラーに鑑定、値段の査定を依頼してください。ヴァイオリンを預らせないようならば、たとえ師匠のヴァイオリンであっても、購入は控えた方が賢明でしょう。音楽を教えてくれる師匠として敬うことと、ヴァイオリンの見方、売買の世界とは全く別の次元にあることを忘れないでください。数軒に依頼した方が賢明な理由は、1軒だけでは、その1軒がデタラメなディーラーの場合、全く

意味を為さないこと、数軒廻れば一流ディーラーに必ず遭遇できること、多数の意見を集約すれば、自ら最大公約数を引き出せることなどにあります。真贋のチェックもさることながら、特に値段の査定に重点を置いてください。300万円はしないヴァイオリンの場合、たとえ偽物と判明しても、質が良く値段に見合ってさえいれば、購入しても差し支えはないと私は思うからです。

③ **納品書**（Bill of sale）、**領収書**（Receipt）**のこと**

　納品書、領収書は必ず貰い、保管しておいてください。保険を掛ける時、下取りや交換の時など保証関連の書類として役に立つ他に、すったもんだが生じた時の重要な物証になってくれるからです。

　納品書も領収書も無ければ、真贋問題などで争おうにも、売り手側は「私は売っていないよ」と、いとも簡単に言い逃れができてしまいます。納品書、領収書の類を発行しない売り手からは絶対ヴァイオリンは購入しないことです。

　納品書、領収書共に、売り手によって書式はまちまちです。領収書は何をいくらで買ったのか金額を保証する公の書類ですが、ヴァイオリンの世界において納品書は特に大切な役割を担います。私共の納品書をご覧ください。納品書は購入が決まった段階で売り手がヴァイオリンの名前、金額などを書き込む書類で、2～4枚綴りの複写式になっています。買い手は複写の方を貰いそれにしたがってお金を支払います。たった一行ですが、一流ディーラーはそこに要領良くかつ正確に作者名、年代、国籍などを記入致します。つまり納品書は鑑定書の役割を果たしているとも言えるのです。納品書で大切なことは、金額は当り前のことですが、ヴァイオリンの名前、年代、国籍などが売り手の説明どおり、正しく書かれているかどうかチェックすることにあります。口頭では本物ですよと言っておきながら、納品書、領収書には本物とは書かない、ずる賢い売り手が少なからず存在することを知っておいてください。彼らは巧妙にたった1文字を加えたり減らしたりすることによって意味合いが全く違ってしまうことを知っているのです。Ⅰ章（3）を復習してください。そしてここで問題を出してみましょう。

"「Giuseppe Roccaのヴァイオリンでラベルどおり1850年トリノの作品です」と売り手の説明を受け、2500万円で購入を決定しました。そこで売り手が納品書に記載すべき正しい表現法は次の（i）～（vi）のうちどれになりますか。"

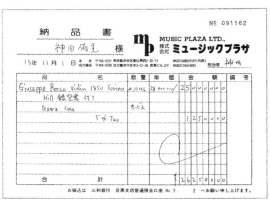

（i）　Violin by Giuseppe Rocca 1850　　Torino

（ii）　Giuseppe Rocca Violin 1850　　Torino

（iii）　Labelled Giuseppe Rocca Violin 1850　　Torino

（iv）　Giuseppe Rocca School Violin ca1850　　Torino

（v）　Rocca Violin 1850　　Torino

（vi）　Giusepp Rocca model Violin 1850　　Torino

　しっかり読めば誰でも分かることですが、正解は（i）（ii）ですね。納品書を受けとったら、この部分のチェックを怠らないでください。日本語で表現するなら

　　「ジュゼッペ・ロッカ　ヴァイオリン　1850年　トリノ作」とか、

　　「ヴァイオリン、　ジュゼッペ・ロッカ作　1850年　トリノ」のような書き方になります。

　　（iii）、（iv）、（v）、（vi）のように表現されていたら、その場でクレームをつけた方が良いと思います。

（iii）の表現は

ジュゼッペ・ロッカのラベルが貼られている別のヴァイオリンを意味します。

（iv）の表現は

ジュゼッペ・ロッカのスクールであって、弟子の作品か、レプリカ、コピーを意味します。

（v）の表現では

別のロッカ、例えば息子のエンリコか、系列の違うドメニコ・ロッカかもしれません。

（vi）の表現は

ロッカをモデルにした全く別のヴァイオリンを意味します。

　たった1語をいじることによって、全く別のヴァイオリンになってしまうというわけです。後日偽物と判明しても、意図的にそのように書いた売り手は（iii）〜（vi）と書いてあるのだから、私は本物として売ってはいないよと、軽く受け流すことでしょう。"買う時に確かに本物と言った"と証言しても、それは"言った""言わない"の世界ですから、書類を重要視する日本の裁判官の前では、だまされた買い手側が敗訴すること請け合いです。

　かくのごとく、領収書は金額の正当性を、納品書はヴァイオリンの正当性を保証している大切な書類です。必ず請求し、内容を確認、保管しておいていただきたいと思います。

　「正統派」のディーラーは、黙っていてもこの両者をお渡しするはずです。ブローカーは納品書を持っていないはずですから、そこらにある白紙でも何でもかまいません、ヴァイオリンの名前、金額、売り手の住所氏名を必ず自筆で書いてもらってください。領収書も然りです。

索　引

索引

〈あ〉

アイデンティフィケイション	104
悪意のラベル	45
アシュモリアン美術館	148
アモワイヤル、ピエール	160
アルテ・マイスター・ガイゲン	93

〈い〉

イコノグラフィー	124
イタリア50人衆	119
「イタリアン・トーン」	162
イタリア名（ラベルの）	137
一流鑑定書	42、59
一流ディーラー	40
イフシン、Jay	35
イミテーション	101

〈う〉

ヴィターリ、T. A.	147
ヴィヨーム、J. B・	36、86、147
ウェルズ、グラハム	20、24
ウルフ・トーン	202
ウルリツァー社	37

〈え〉

英語名（ラベルの）	137
エキスパート	103
エスティメイション	21
エッヂ傷	83
江藤俊哉	98
NCルーター	76

〈お〉

オークション・カタログ	25
オーサー・サーティフィキット	59
オリーブエンド	172

〈か〉

ガイゲンバウマイスター	112
ガイゼンホフ、フランツ	161
価格証明書	34
ガット	172
カッパ、ジョフレッド	91
カラパス	106
ガリアーノ、フェルディナンド	107
ガリムベルティ、ルイージ	29
カレッサ＆フランセ	37
ガン＆ベルナルデル	28
贋作	101
関税法違反	96

〈き〉

傷物	83
偽造ラベル	150
Kiso Suzuki Violin社	91
希望小売価格	68

〈く〉

グァルネリ、アンドレア	144
クリーツ	79
クリスティーズ	20

〈け〉

―

〈こ〉

工場製（ファクトリー・メード）	76
工房製	77
古色塗り	105
古典的形式（ラベルの）	134
コニサール	34
コピー	100
コピーイスト	114
こもり（音の）	166
コラッティ、Ivano Coratti	163

索引

コラン、J. B.	77
魂柱傷	79
魂柱パッチ	79

〈さ〉

齋藤秀雄	157
作風	103
サザビーズ	20
サップ・マーク	83
サラブエ伯爵	148

〈し〉

紫外線	89
市場価格	73
下取り	194
室内楽用ヴァイオリン	158
辞典	124
事典	124
私文書	35
ジャーマン・トーン	161
シュタイナー、ヤコプ	147
シュレーゲル、クラウス	163
準マスター・メード	77
シルバー・トーン	165
真作	101
真正	101

〈す〉

スイス・ヴァイオリンメーカー協会	93
図鑑	124
スクール	26
煤（すす）	105
Suzuki Violin社	68
スターリング・ポンド（英ポンド）	75
スチール	172
スチール・フィラメント	173
ストップ	107、200

ストラディヴァリ、オモボノ	93、95
ストラディヴァリ、パオロ	149
ストラディヴァリ、メシア	148
スパイラル・コア	173

〈せ〉

正義のラベル	45
正統派ディーラー	193
セール・ルーム	21
Z音（ゼット）	166
線密度	174
全面パッチ	82

〈そ〉

そちら系	97
ソリッド・コア	173
ソロ用ヴァイオリン	158

〈た〉

ダダリオ社	173
タブス、James	37
タリジオ、ルイージ	148
弾伸率	173

〈ち〉

茶粉	105
チェルーティ、エンリコ	31、102
チェルーティ、ジュゼッペ	50

〈つ〉

―

〈て〉

ディーラー	191
ディスクリプション	46
テックラー、ダヴィト	122
テストーレ、C. G.	110
テストーレ、C. A.	110

209

〈と〉

ドイツ系ギルド	77
ドイツ語名（ラベルの）	137
遠鳴り	202
ドキュメンツ	34
トップ・プライス	20
トマスチック社	172
ドミナント弦	172
トレード・ヴァイオリン	78

〈な〉

ナイロン弦	172

〈に〉

ニス傷	83
偽物	101

〈ぬ〉

―

〈ね〉

年輪年代学	107

〈の〉

ノー・ラベル	152
ノイナー＆ホルンシュタイナー	77
納品書	205

〈は〉

箱書き	36
パッチ	79
パフリング（の動き）	108
パフリング傷	83
半手工	76
ハンマ商会	37
ハンマー・プライス	22

〈ひ〉

ビア、チャールズ	93
ビアンキ、ニコロ	149
弾き込み	169
ビダルフ、ピーター	93、117
ビディング	22
評価証明書	34
表面傷	83
ピラストロ社	172
ピラストロ・メーター	175
ヒル商会	36
ヒル・ナンバー	49

〈ふ〉

ファニオーラ、アンニバーレ	115
フィニッシュ	77
フィリップス	20
歩止まり	184
フラウダー	111
プラセボ（プラシーヴォ）効果	92
フランス語名（ラベルの）	137
フランセ、ジャック	93
プレス・ヴァイオリン	76
プレヴュー	21
フレンチ・トーン	161
フレンド、ロドニー	161
ブローカー	192
文献	124

〈へ〉

ペカット、ドミニク	31
ヘッド	48
ヘリコア	173
ベル・パッチ	79

〈ほ〉

方向性（音の）	157

ボディー・レングス	107、200
ポリマー弦	172
ボンハム（Bonhams）	20
本物	101

〈ま〉

マスター・メード	78
マルケッティ、エンリコ	28

〈み〉

ミグマ社（Migma）	77
ミラノ派	109

〈む〉

虫喰い	201
無量塔藏六（むらたぞうろく）	133

〈め〉

メラー、マックス	37

〈も〉

モダン・ハンガリアン	152
モダン・ボヘミアン	152
モデナ公	147
モデル	101
モノグラフィー	124
モンテヴェルデ、クラウディオ	77

〈や〉

―

〈ゆ〉

ユニバーサル・ディクショナリー	123

〈よ〉

「良い音」	90
寄せ木細工法	77

ヨルト・ファミリー	69

〈ら〉

ラテン語名（ラベルの）	137
ラベル類	132
ラミー、J. T.	76
ランゴネー、C. F.	37

〈り〉

リヒター、エッカルト	91
リュトゲンドルフ	123
領収書	205

〈る〉

ルジェーリ、フランチェスコ	147

〈れ〉

レジスター・ナンバー	49
レスポンス（音の）	173
レターヘッド	49
レプリカ	100

〈ろ〉

ロープ・コア	173
ロッカ、エンリコ	31
ロッカ、ジュゼッペ	205
ロット（ロット・ナンバー）	22
ロット、J. F.	88

〈わ〉

ワトソン、アダム	20
割り印	50
「悪い音」	90

著者プロフィール
神田侑晃
：かんだ・ゆうこう
1945年、松本市生まれ。東洋大学大学院工学研究科卒。2歳半より故・鈴木鎮一氏よりヴァイオリンの手ほどきを受ける。
1975年、現（株）ミュージックプラザ代表取締役に就任。（株）ミュージックプラザは1940年創業のヴァイオリン専門店。1973年「クレモナの栄光展」を主催し、クレモナ市所蔵のストラディヴァリ「Cremonese」など至高の銘器、銘弓約200点を初めて日本に紹介。以来日本における最も重要なディーラーの一人として世界中のヴァイオリニスト、ディーラー、愛好家に貢献している。

この出版にあたり、多大なご協力を下さった尾崎　実、神田順子、落合　照、福田　麗の四氏に感謝の気持ちを捧げます。

改訂・ヴァイオリンの見方・選び方　応用編
間違った買い方をしないために──

著　者：神田侑晃　　　　　　　　2018年11月22日　改訂版第1刷発行
発行者：佐瀬　亨　　　　　　　　2022年10月 1日　　　　第2刷発行
発行所：株式会社せきれい社
　　　　〒107-0052　東京都港区赤坂7-5-48
　　　　赤坂スカイハイツ502
　　　　tel. 03-6685-5914
　　　　fax. 03-6685-5913
　　　　郵便振替　00170-5-558880
　　　　E-mail：tohru@sequirey.com
©Séquireÿ S.A.2018 Printed in Japan
ISBN978-4-903166-05-6　　　　　　　　印刷・製本　PRINT BANK, Inc.

※万が一、落丁乱丁の場合はお取替えいたします。
　本書掲載内容の無断転載および複写を禁じます。